슬기로운 논리학

DER LOGIKVERFÜHRER
by Christoph Drösser

모순과 억지를 반격하는 사이다 논리 이야기

슬기로운 논리학

크리스토프 드뢰서 지음
전대호 옮김

해나무

서문

비논리를 논리로 뒤흔들 길은 없다.

– 호이마르 폰 디트푸르트, 『네안데르탈인의 유산』

논리는 이미지가 나쁘다. 차갑고 계산적이라고 여겨지며, 대중문화에서는 많은 인물들이 삶의 비논리적 측면을 논리법칙의 흑백 형식주의로 다루려다가 웃음거리가 된다. 가까운 예로 〈스타트렉〉에 나오는 스폭Spock을 생각해보라.

그렇게 이미지가 나쁜 이유 하나는, 논리 그 자체는 어떤 내용도 진술하지 않는다는 것에서 찾을 수 있다. 논리는 전제에서 결론을 끌어낼 뿐이며 전제에 아무것도 보태지 않는다. 그러니까 결국 공허한 말장난일까? 이 책을 비롯한 논리학 책들에 나오는 몇몇 문장의 형식적 도출 과정은 당신으로 하여금 '이게 논리야? 이걸 왜 이렇게 복잡하게 증명해야 하지?'라고 묻게 만들 것이다.

많은 수학자와 철학자도 똑같은 질문을 던지며 투덜거린다. 논리는 수학과 철학을 이어주는 분야인데도 양쪽 모두에서 존재감

이 없는 편이다. 철학 전공 대학생들은 필수로 지정된 논리학 강의에서 괴상한 문장들을 이리저리 재구성하는 시험을 치르며 짜증을 낸다. 수학자들은 흔히 논리학을 지나치게 깐깐한 형식주의로 느낀다. 그들의 통찰을 간단하고 "우아하게" 서술하는 것을 방해하는 형식주의로 말이다.

그러나 약 100년 전에 수학자들은 논리를 허술하게 취급하다가는 자기들이 발 디딘 토대가 흔들릴 위험이 있음을 경험했다. 수학은 논리적 모순 때문에 여러 번 휘청거렸고 오랜 시간이 걸려서야 다시 어느 정도 확고한 토대를 마련했다.

우리가 어떤 문장에 논리를 적용할 때, 논리는 그 문장에 어떤 새로운 것도 보태지 않는다. 그러나 논리가 새로운 앎을 가져다주지 않는다는 뜻은 아니다. 가장 좋은 예로 수학을 들 수 있다. 현대적인 형태의 수학에서 모든 문장(정리)은 단순한 공리들에서 도출된다. 다시 말하자면 수학은 공리들, 곧 단순한 전제들에 아무것도 보태지 않는다. 대수롭지 않게 보이는 그 전제들에 처음부터 모든 것이 들어 있다. 페르마의 마지막 정리, 푸앵카레 추측의 증명, 나아가 최근에 천재적인 수학자들이 여러 해 동안 숙고한 끝에 성취한 모든 찬란한 수학 지식은 따지고 보면 '단지' 응용 논리학일 따름이다.

수학자가 아닌 일반인도 최소한 논리법칙에 대한 기초 지식 정도는 갖추는 것이 유익하다. 논리는 말하자면 우리의 '정신적 위생'을 관리한다. 즉, 우리가 지저분하지 않고 청결하게 생각하도록 강제한다. 3장에서 나는 불결한 논증 25개를 열거할 것이다. 그것들은 우리가 날마다 텔레비전 토크쇼에서 접하는 논리적 오류들과 기타 다른 오류들이다.

또한 논리는 당연히 수수께끼 놀이의 원천이다. 나는 독자들을 위해 세 가지 수수께끼 유형을 골라냈다. 그것들은 논리 퍼즐, 거짓말쟁이 수수께끼, 모자 수수께끼다. 이 수수께끼들은 어떤 지식도 필요 없이 오로지 논리의 힘만으로 풀 수 있다는 점에서 특별하다. 나는 모범적인 풀이 방법들을 제시할 텐데, 그 방법들을 연습문제에 적용하는 것은 여러분의 몫이다.

안드레아스 로스와 베른트 슈가 내 원고를 읽고 내용과 관련해서 몇 가지 조언을 해준 것에 감사한다. 나의 출판대리인 하이케 빌헬르미와 로볼트 출판사의 편집자 프랑크 슈트릭슈트로크에게도 감사한다. 혹시 이 책의 비논리를 지적하거나 나름의 의견을 제시하고 싶은 독자는 나의 홈페이지 www.droesser.net을 방문하시라.

차례

1장

달이 만약 녹색 치즈라면…

- 논리와 현실

논리학자 세 명이 바에 들어온다. “모든 분께 맥주를 드릴까요?” 라고 여점원이 묻는다.

“난 모르겠는데.” 첫 번째 논리학자가 말한다.

“나도 모르겠어.” 두 번째 논리학자가 말한다.

“예!” 세 번째 논리학자가 말한다.

논리에 조예가 깊은 사람은 이 대화가 아주 재미있다고 느낀나. 그리고 다른 사람들은 이렇게 생각할 것이다. ‘저런 사람하고는 술집에 가기 싫어.’

이 유머에 대한 논리적 해설은 이러하다. 논리학자1은 맥주를 원하지만 동행들이 무엇을 원하는지 모른다. 그래서 여점원의 질문에 “예”라고 답할 수도 없고 “아니요”라고 답할 수도 없다.

논리학자2는 논리학자1의 대답에 기초하여 그가 맥주를 원한다는 것을 추론할 수 있다. 논리학자1이 맥주를 원하지 않는다면 "아니요"라고 대답할 수 있었을 테니까 말이다. 더 설명하면 이렇다. '모든'으로 시작되는 문장은 예외가 하나만 있어도 거짓이 된다. 여점원이 묻는 것은 "모든 분이 맥주를 원한다"라는 문장의 진위다. 만일 논리학자1이 맥주를 원하지 않는다면 위 문장은 거짓이고, 논리학자1은 "아니요"라고 대답할 수 있다. 그런데 "난 모르겠는데"라고 대답했으므로 논리학자1은 맥주를 원한다는 결론이 나온다. 논리학자2도 맥주를 원한다. 그러나 그는 논리학자3이 무엇을 원하는지 모르므로 "나도 모르겠어"라고 대답할 수밖에 없다.

확정적인 대답은 논리학자3에 이르러서야 나올 수 있다. 그는 동행 두 명이 맥주를 원한다는 것을 알고 그 자신도 맥주를 원한다. 따라서 그는 "예!"라고 대답한다.

쩨쩨하고 깐깐한 논리 나라에 오신 당신을 환영한다! 방금 본 유머가 재미있었다면, 당장 이 책의 11장에 나오는 수수께끼들을 풀어보는 것도 괜찮을 듯하다. 이 유머와 마찬가지로 그 수수께끼들도 논리적 숙고를 요구한다. 다행히 현실에서는 이 유머와 같은 상황이 거의 발생하지 않는다. 여점원이 한 무리의 손님들에게 다들 맥주를 원하냐고 물으면 모르겠다는 의미로 어깨를 으쓱하는 손님은 없고 동시에 여러 목소리가 "예", "좋아요", "오케이"라고 대답할 것이다. 그리고 여점원은 그 목소리들을 세어서 필요한 만큼의 맥주를 제공할 테고.

이처럼 일상은 늘 논리적으로 돌아가지는 않는데, 이는 다행스러운 일이다. 만약에 일상이 철저히 논리적이었더라면 햄릿은 "사느냐 죽느냐, 그것이 문제로다"라는 명대사를 읊지 못했을 것이다. "*A*이거나 *A*가 아니다" 형태의 문장은 항상 참이고 따라서 전혀 문제가 아니니까 말이다. 또한 과거 동독에서 음유시인 볼프 비어만이 "나는 정말 떠나고 싶고 정말 여기에 남고 싶다"라는 말로 자신의 분열된 심경을 표현했을 때 누군가가 당신의 말은 "*A*이고 *A*가 아니다" 형태이고 따라서 모순이라고 비판했다면, 비어만은 그 비판을 무시했을 것이다. 알다시피 삶은 모순으로 가득 차 있다. 논리학에서와 달리 삶에서 우리는 때때로 모순을 감내해야 한다.*

몇십 년 전 내가 대학에서 수학과 철학을 공부할 때, 논리학은 철학 전공자들의 필수 과목이었고 논리학 강의는 그들 대다수에게 공포의 시간이었다. 황당함의 극치는 교수가 다음과 같은 문장을 너무나 태연하게 선포했을 때 찾아왔다. "달이 만약 녹색 치즈라면, 숫자 5는 고주망대다." 교수는 이 문장이 참이라고 했다. 거짓 문장에서 거짓 문장을 도출하는 것은 합법적이며, 따라서 이 도출 전체를 표현하는 문장은 참이라는 것이 그 이유였다.

* 비어만은 쾰른 체육관에서 열린 유명한 콘서트에서(그 콘서트 때문에 그는 동독 시민권을 박탈당했다) 위의 말에 대해서 이렇게 발언했다. "그 말은 많은 동독 젊은이들의 정치적 심리 상태를 아주 정확하게 표현한다."

〈프랑크푸르터 알게마이네 차이퉁〉지(독일의 유력 신문—옮긴이)의 발행인 프랑크 쉬르마허는 대학에서 독문학, 영문학과 더불어 철학도 공부했는데, 어쩌면 논리학 수업은 땡땡이쳤을지도 모르겠다. 그는 2012년 초에 당시 독일 대통령 크리스티안 불프를 둘러싼 논란이 절정에 이르렀을 때, 자신이 발행하는 신문에 분개한 심정으로 논설문을 썼다. 요지는 불프가 악명 높은 텔레비전 인터뷰에서 공직을 이용하여 사적인 이득을 취했다는 자신의 혐의를 부인하고 자신의 행동을 그럴싸하게 설명하려 했다는 것이었다. 쉬르마허는 그 변명을 한마디도 믿지 않는다면서 이렇게 썼다. "거짓 전제들은 모든 것을 거짓되게 만들므로, 그 대통령 인터뷰는 그야말로 참사였다." 실제로 그 인터뷰는 참사였지만 논리학에서 거짓 전제들은 모든 것을 거짓으로 만들기는커녕 정반대로 참으로 만든다. "만일 '만일'이라는 단어가 없다면, 우리 아버지는 백만장자다"라는 문장은 참이다. 설령 우리 아버지가 땡전 한 푼 없더라도 말이다.

하지만 '논리적 함축logical implication'은 전제가 거짓일 때만 상식과 어긋나는 것이 아니다. 전세가 옳을 때도, 참이지만 이상한 문장들이 발생한다. "만일 베를린이 독일의 수도라면, 앙겔라 메르켈은 독일 총리다." 이 진술의 전반부와 후반부는 확실히 참이다. 하지만 그 두 부분이 무슨 관련이 있을까? '아무 관련도 없다'가 정답이다. 논리는 진술의 내용적 관련성을 따지지 않는다. 일상언어에서 "만일 A라면, B이다"라는 진술은 항상 A와 B 사이의 인과관계를 시사하지만, 논리는 그런 어감을 전혀 모른다(더 자세한 설명은 9장 참조).

나의 수학 전공 동료들 역시 논리학에 그다지 흥미를 느끼지 않았다. 내가 다닌 본 대학교 수학과에는 '논리학과 기초연구'라는 분과가 따로 있었다. 그 분과는 수학과가 임차한, 어느 골목의 작은 건물을 사용했는데, 수학 전공자의 대다수는 그 건물에 발을 들이지 않았다. 20세기에 수리논리학이 수학의 기반을 제대로 흔들고 수학의 모든 참 문장이 논리적으로 증명되지는 않음을 보여준 것은 엄연한 사실이지만(8장, 10장 참조), 평소 연구에서 수학자들이 논리를 다루는 태도는 놀랄 만큼 순박하다. 그들은 전문적으로 배운 몇 가지 증명 기법과 상식에 의지할 따름이다. 그것으로도 그런 대로 충분하니까 말이다.

논리는 현실에 대해서 아무것도 모른다. 논리는 오로지 진술들 사이의 형식적 관련에만 관심을 둔다. 즉, 전제에서 도출되는 결론에만 관심을 기울인다. 논리의 전문 영역은 현실을 관찰하여 법칙성을 끌어내는 귀납이 아니라 연역이다. 논리 그 자체는 토론자에게 논증을 제공하지 않는다. 하지만 논리는 논증의 타당성을 검사할 수 있다.

이런 연유로 논리는 종종 차갑다는 비난을 받는다. 엔터프라이즈호의 승무원 스폭 소령은 예리한 분석가였지만 감정을 다룰 때는 미숙한 편이었다. 하지만 과거의 위대한 사상가들은 논리의 이 같은 속성을 장점으로 여겼고 인류의 뜨거운 논쟁들을 차가운 논리로 판가름할 수 있기를 바랐다. 고트프리트 빌헬름 라이프니츠도 그런 사상가였다. 그는 독일 인구의 절반 가까이가 신앙을 둘러싼 분쟁으로 목숨을 잃은 30년 전쟁이 끝나기 2년 전에 태어났다. 라이프니츠는 피가 끓고 폭력을 부르는 언쟁을 논리로 대체할 수 있기를 꿈꿨다. "그러면 논쟁이 발생할 경우, 철학자들도 계산기 전문가들과 마찬가지로 학문적 대화에 힘을 소비할 필요가 없을 것이다"라면서 라이프니츠는 이렇게 덧붙였다. "손에 필기구를 들고 계산기 앞에 앉아 서로에게 (웬만하면 우호적인 말투로) '계산해 봅시다'라고 말하는 것으로 충분할 것이다."

중세 이래로 지식인들은 논리의 도구들로 심지어 궁극의 질문들에까지 답하려 했다. 신의 존재를 논리적 원리들에 기초한 순수 사유로 증명하려는 시도가 여러 번 있었다. 첫 번째로 나선 인물은 11세기 캔터베리의 안셀무스였다. 그의 논증은 대충 아래와 같았다.

- 신이란 그보다 더 위대한 것을 생각할 수는 없는 그런 대상이다.
- 신이 단지 우리의 지성 속에만 존재한다고 가정하자. 그러면 다른 모든 면에서 신과 동일하면서 우리의 지성 속에 존재할 뿐더러 현실에도 존재하는 무언가를 생각할 수 있다. 즉, 신보다 더 위대한 무언가를 생각할 수 있다.
- 그보다 더 위대한 것을 생각할 수 없는 그런 대상보다 더 위

대한 무언가를 생각할 수 있다면, 그보다 더 위대한 것을 생각할 수 없는 그런 대상은 그보다 더 위대한 것을 생각할 수 있는 그런 대상이다.

- 요컨대 그보다 더 위대한 것을 생각할 수 없는 그런 대상은 그보다 더 위대한 무언가를 생각할 수 있는 그런 대상이다.
- 이것은 모순이다. 그러므로 신이 현실에 존재하지 않는다는 가정은 거짓일 수밖에 없다. 즉, 신은 정말로 존재한다.

오늘날 우리에게 이 논증은 중언부언이고 중세적이며 현학적으로 느껴진다. 이 논증에 설득되어 종교에 귀의하는 사람은 없을 것이다. 이 논증은 언어적 구성물("그보다 더 위대한 것을 생각할 수 없는 그런 대상")을 기초로 삼아서 그에 부합하는 속성들을 지닌 대상의 존재를 추론한다. 그런데 이와 매우 유사한 논증이 20세기 초에 수학에서 등장했다. 칸토어의 순박한 집합론이 허용한 '모든 집합들의 집합'은 그보다 더 큰 집합을 허용하지 않는다는 점에서 안셀무스의 증명에 나오는 '신'과 유사한 구성물이었으며 버트런드 러셀이 1903년에 보여주었듯이 수학에서 모순을 일으켰다. 이 문제는 곧바로 순수 논리를 기반으로 삼은 수학의 토대를 매우 심각하게 흔드는 위기로 이어졌다. 그 위기에 대해서는 8장에서 상세히 이야기할 것이다.

라이프니츠는 보편적인 세계 서술을 꿈꿨다. 그 서술, 곧 보편언어Characteristica universalis는 확실한 진리들을 형식언어로 표현한 백과사전의 형태일 것이며 추론 규칙들도 포함할 것이었다. 그 규칙들을 이용하면 확실한 진리로부터 새로운 진리를 도출하고 모든 논쟁을 판가름할 수 있을 터였다. 그런 프로젝트를 학자들의 집단이 맡는다면 5년 안에 완수할 수 있다고 라이프니츠는 확신했다. 그러나 그는 실무에 착수하기 전에 죽음을 맞았다.*

라이프니츠의 구상은 실패로 돌아갈 수밖에 없었는데, 그 이유는 비용이 너무 많이 드는 것에 국한되지 않았다. 논리만으로 모든 진리를 증명할 수는 없다는 사실이 더 심층적인 이유였다. 이 사실은 특히 수학에 적용된다. 1931년에 쿠르트 괴델은 충분히 복잡한 형식적 시스템(이 말의 의미는 10장 참조)은 참이지만 논리적으로 증명할 수 없는 문장들을 반드시 포함한다는 것을 증명했다. 이 사건은 채 30년도 안 되는 기간 동안 수학에 닥친 두 번째 충격이었다.

논리는 "내용에 대해서 중립적이다." 논리를 문장에 적용할 때, 논리는 문장에 아무것도 보태지 않고 다만 문장 속에 이미 들어 있는 진리들을 끌어낼 뿐이다. 궁극적으로 논리는 항진 명제, 곧 내용과 상관없이 참인 문장만 산출한다. 하지만 이런 논리가 얼

* 오늘날 우리가 라이프니츠의 꿈을 비웃는다면, 그것은 어쩌면 경솔한 행동일 것이다. 최근에도 그 꿈과 유사한 시도들이 있었다. 예컨대 미국의 정보학자 더그 레너트의 '사이크Cyc' 프로젝트는 인류의 일상적 지식 전체를 컴퓨터에 장착하는 것을 목표로 삼았다. 이 프로젝트에서의 요소들도 상식적 진리들, 형식언어, 술어 논리predicate logic의 추론 규칙들이다. 사이크 프로젝트는 1984년에 시작되었으며 레너트는 이 프로젝트의 완성에 350인년man-year의 노동이 들어가리라고 예상했다. 그러나 프로젝트의 완성은 여태 이루어지지 않았다. 특수한 분야에 적용할 수 있는 지식 모듈 몇 개는 완성되었지만 말이다.

마나 많은 일을 해낼 수 있는지를 수학에서 알 수 있다. 모든 수학 지식은 궁극적으로 항진 명제, 곧 참이라고 인정한 공리들에서 도출한 결론이다. 수학은 논리가 얼마나 강력한 도구일 수 있는지 보여준다.

나는 당신을 논리의 세계로 안내할 것이다. 우리는 여행 중에 수수께끼와 퍼즐, 좋은 논증과 나쁜 논증, 이율배반과 역설을 만날 것이며 결국 인간의 생각이 어떤 한계를 지녔는지 깨달을 것이다.

이 장 첫머리에 인용한 유머의 변형이 하나 있다. 논리학자 네 명이 바에 들어온다. "모든 분께 맥주를 드릴까요?"라고 여점원이 묻는다.

"나는 모르겠는데"라고 첫 번째 논리학자가 말한다.

"나도 모르겠어"라고 두 번째 논리학자가 말한다.

"나도 몰라"라고 세 번째 논리학자가 말한다.

"아니요"라고 네 번째 논리학자가 말한다.

"아하, 네 분 다 논리학자로군요." 여점원이 웃으며 말을 잇는다. "그럼 맥주 세 잔 가져다 드릴게요."

"예"라고 대답한 네 번째 논리학자가 한마디 덧붙인다. "저는 적포도주 한 잔 부탁해요."

2장

진실과 거짓

- 악당을 잡는 논리

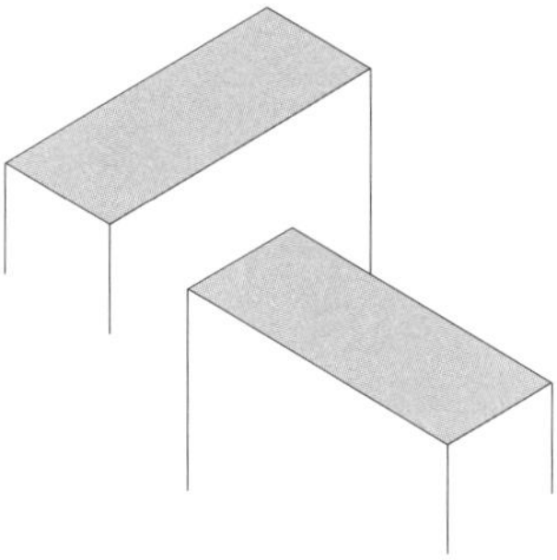

데틀레프 벤케 경감은 생각한다. '오늘 날씨는 정말 좋군.' 열린 그의 사무실 문밖으로 대기실에 앉아 있는 용의자 세 명이 보인다. 아르놀트 제게마이스터(일명 '아르니'), 보도 퀌메를링(업계에서 '폭탄-보도'로 불림), 크리스티안 뷔르거(별명은 '금고-크리스')다. 이들 셋은 방금 개별 조사를 마쳤는데 보아하니 결과가 만족스러운 모양이다. 아무튼 그들은 기분이 좋아 보인다. 서로 속삭이는가 하면, 아르니는 손바닥으로 제 허벅지를 치기까지 한다. 기분이 좋을 만도 하다. 벤케가 좋은 아이디어를 내지 못하면 그들은 곧 풀려날 테니까.

벤케는 그들 중 최소한 한 명이 어제 그 소도시를 떠들썩하게 만든 은행 강도라고 확신한다. 월요일에서 화요일로 넘어가는 밤에 그곳 슈파르카세 은행의 문이 전문가의 솜씨로 부서졌다. 범인들은 경보장치를 무력화한 뒤에 산소용접기로 금고를 따고 현금 2만 유로를 가져갔다. 놈들은 어디에 연장을 대야 하는지 정확히 알았다. 확실히 전문가들이다. 아니 어쩌면 단독 범행일까? 지문도 없고, 오랫동안 수소문했지만 목격자도 일단 없는 듯하다. 이 사건은 벤케가 강도 전담 부서에서 처음 맡은 과제다. 그는 20년 동안 살인 사건을 담당하다가 2주 전에 이 부서로 옮겨왔다.* 부서 변경을 희망하는 이유를 묻는 서장에게 그는 대답했다. '아시다시피, 제가 시체는 신물 나게 봤거든요.' 이목이 집중된 강도 사건을 신속하게 해결한다면, 정말 멋진 데뷔전을 치르는 셈일 것이다.

어제까지만 해도 전망이 밝았다. 할머니 한 분이 경찰서에 찾아왔다. 마이스터 부인, 나이는 75세 정도, 한쪽 다리를 약간 절지만 정신은 멀쩡해 보였다. 그녀는 지난주에 직접 목격한 바를 진술했다. 그녀는 '볼프강의 소시지 포장마차' 앞에 서서 비엔나소시지를 먹었는데 곁에 웬 남자 세 명이 있어서 약간 겁이 났다. 그래서 최대한 멀리 떨어졌지만, 그들이 주고받는 몇 마디를 알아들었다. "슈파르카세", "월요일 밤", "산소용접기"라는 말이 들렸다. 특히 마지막 단어를 또렷이 기억한다. 난생처음 들은 단어여서다. 그후 떠들썩한 은행 강도 소식을 접하니 그때 일이 떠올랐다. 그리하여 곧장 경찰서로 달려왔다.

---

* 『수학 시트콤』 1화 '주유소 살인 사건'과 『물리학 시트콤』 10화 '양자 컬트' 참조.

증언을 들으며 벤케는 감격했다. 경찰 데이터뱅크에서 유력한 용의자들의 사진을 검색해서 마이스터 부인에게 보여주는 데는 몇 분이면 충분했다. 그녀는 아르니, 보도, 크리스를 그 세 남자로 지목했다. 의심의 여지없이 확실하다고 했다. 그들과 그녀를 대질하면 어떤 판사라도 수긍할 만한 증거가 나오리라고 벤케는 확신했다.

전과가 있는 그 악당 셋을 오늘 체포한 과정은 영화화하기에 적합한 드라마는 아니었다. 세 명 모두 집에서 경찰관을 맞이했고 기꺼이 연행에 응했다. 벤케의 조수 올리버 후프나겔은 그들이 연행되기 전에 서로 접촉하지 못했다는 점을 중시했다. 틀림없이 그들은 말을 맞출 기회가 없었을 것이다. 그들은 각각 개별적으로 신문을 받았다. 마이스터 부인의 증언을 전해들은 용의자들은 놀랍게도 모두 묵비권을 행사하지 않고 진술하겠다고 나섰다.

첫 번째로 신문을 받은 용의자는 아르놀트 제게마이스터였다. "우리가 그 포장마차에서 만난 것은 솔직히 우연에 가까워요"라고 아르니가 설명했다. 그들은 마지막으로 인근 교도소에서 복역할 때 서로 알게 된 사이여서 잡담을 조금 주고받았다. 업계의 전문용어도 몇 마디 나왔다. 물론 그는 오래 전에 업계를 떠났다. "하지만 보도와 크리스는 여전히 그쪽에 미련이 있는 것 같았어요. 어쨌든 그 친구들은 슈파르카세 은행의 경보장치는 있으나마나 하고 금고 잠금장치도 큰 문제가 안 될 거라고 얘기했죠." 그들은 곧 은행 이야기를 그만두었다. 하지만 보도와 크리스티안은 슈파르카세 은행을 노리는 기색이 역력했다.

다음으로 보도에 대한 신문이 이루어졌다. 보도 역시 그 포장마차에서의 만남은 계획된 것이 아니었다고 설명했다. 그는 옛 친구들을 보게 되어 기뻤다. 그는 지금 아주 건전하고 성실하고 소박하게 살지만, 아르니는 임시직 노동자로 힘겹게 돈을 버느니 은행 강도로 한밑천 챙기는 편이 더 좋다는 생각을 숨기지 않았다. 이어서 아르니가 나머지 두 사람에게 슈파르크카세 은행에 관한 자신의 계획을 설명했다. "심지어 같이 하자고 제안하기까지 했어요. 챙긴 돈은 3분의 1씩 나눠 갖자면서요. 하지만 크리스와 나는 그런 얘기가 썰렁했죠. 우린 또 몇 년을 감방에서 보낼 생각이 전혀 없으니까요."

크리스의 진술은 아르니의 진술과 매우 유사했다. 거의 단어 하나하나까지 같았는데, 이름들만 뒤바뀌었다. 아르니와 보도는 세 사람이 만나기 전에 이미 은행 강도 계획을 상세히 짜놓은 듯했다. 그들은 크리스에게 같이 하겠느냐고 묻지도 않았다. 챙긴 돈을 그와 나누고 싶지 않은 낌새였다. 설령 공범 제안을 받았더라도 크리스는 단호히 거절했을 것이다. 지금 그가 누리는 자유롭고 소박한 삶이 너무나 소중하기 때문이다.

요컨대 세 명의 용의자와 세 가지 이야기가 있다. 용의자 각각이 다른 용의자 한 명이나 두 명에게 혐의를 씌운다. '암흑세계의 의리는 옛날이야기가 된 모양이군.' 벤케는 생각한다. 혹시 이놈들이 말을 맞춘 것일까? 미리 짠 대로, 세 가지 진술을 서로 모순되게 한 것일까? 그래 놓고 경찰이 어떻게 수사하는지 히죽거리면서 지켜본다?

"후프나겔, 당장 이쪽으로 와!" 벤케가 옆방을 향해 외친다. 조수는 모든 진술을 기록했다. 이제 벤케는 조수에게서 향후 수사에 관한 의견을 들어볼 생각이다. 텔레비전 범죄물을 너무 많이 봐서 성미가 급했던 후프나겔은 지난 몇 년 사이에 성급하게 결론을 내리기 전에 반드시 숙고하는 경찰관으로 발전했다. 어쩌면 그는 이번 사건에 대해서도 무언가 아이디어가 있을 것이다. 후프나겔이 노트 한 권을 옆에 끼고 벤케의 방으로 들어온다. 눈빛이 반짝인다. 무슨 결정적 단서라도 발견한 것일까?

"반장님, 잡았습니다!" 아직 걸음을 옮기면서 후프나겔이 서둘러 내뱉는다. "수사가 막힐 때는 머리를 쓰라고 반장님이 늘 그러셨잖아요?"

"응, 그랬지. 그런데 그게 이 사건이랑 무슨 상관이야?"

"한번 보세요. 제가 세 명의 진술을 도표로 정리했습니다."

벤케가 어리둥절한 표정으로 서류를 본다. 겉보기에 신문 내용을 정리한 문서라기보다 십자 단어 퍼즐 같다.

"이렇게 가정해보자고요." 후프나겔이 말을 잇는다. "범인은 거짓말을 하고, 무고한 피의자는 진실을 말한다고요. 그러면 보도가 범인이라는 결론이 나옵니다."

"그래? 한번 설명해봐." 휘둥그레진 눈으로 벤케가 말한다. 그러나 후프나겔이 몇 마디 설명하자 벤케도 확신에 이른다. "그래,

그래. 그럼 보도의 단독 범행인가, 아니면 공범이 있나?"

"단독 범행은 절대로 아니에요." 조수가 말한다. "하지만 누가 공범인지는 아직 확실히 알 수 없습니다. 이렇게 하면 어떨까요? 보도를 다시 신문하면서 우리가 내린 결론을 들이대는 겁니다. 그러면 그 친구 포기하고 술술 불 것도 같은데."

그리하여 보도 큄메를링이 다시 조사실로 불려간다. 벤케는 잠자코 있고, 후프나겔이 신문을 주도한다. 그는 스스로 작성한 도표를 피의자에게 보여주면서 이제 발뺌할 길이 없다는 점을 설명해준다. 논리보다 폭약을 더 잘 아는 보도가 젊은 수사관의 설명을 이해하기 위해 머리를 쥐어짜는 모습을 보노라니 벤케는 웃음이 절로 난다. 그러나 결국 보도는 나머지 피의자 두 명이 자신을 궁지로 몰아넣은 것을 깨닫고 반발한다. "나 혼자 한 게 아니에요. 정말이라고요." 보도가 약간 울먹이며 말한다.

"우리도 알아." 후프나겔이 대꾸한다. "그러니까 공범이 누군지 말해. 지금 누가 거짓말을 하는 거야? 아르니야? 아니면 크리스?"

순간 보도가 비웃는 듯한 표정을 짓는다. "진실을 알고 싶으세요? 아르니와 크리스는 둘 다 거짓말을 하고 있어요."

이제 당황한 표정은 올리버 후프나겔의 몫이다. 하지만 그의 곁에는 치밀한 데틀레프 벤케가 있다. "물론 그렇지. 그 친구들은 가능한 경우 하나를 간과했어." 벤케는 복도에서 아르니와 크리스를 감시하는 경찰관에게 외친다. "경비 담당, 거기 두 사람 귀가시키지 마. 일단 세 명 다 구금한다. 내가 논리를 완전히 까먹지 않았다면, 피의자 세 명이 다 범행에 가담한 것이 확실해."

오로지 진실만을

후프나겔은 노트에 무엇을 기록했을까? 그는 피의자 세 명의 진술에서 논리적 핵심을 간추려 도표로 정리했다. 그 도표를 보기 전에, 약간 우회하면서 '명제 논리propositional logic'의 기초를 다룰 필요가 있다.

명제 논리는 가장 단순한 논리 체계다. 물론 명제 논리로도 상당히 복잡한 명제들을 표기할 수 있지만 말이다. 일반적으로 명제란 참이거나 거짓이거나, 둘 중 하나인 문장을 뜻한다. 예를 들어 "베를린은 독일의 수도다", "다음 월요일에 비가 올 것이다", "요정과 요괴가 존재한다"가 명제다. 그러니까 내가 진위를 가릴 수 없는(이를테면 둘째 예처럼 미래 사건에 관한 명제여서, 혹은 셋째 예처럼 완벽한 검증이 불가능해서) 문장도 명제일 수 있다. 하지만 명령문("저녁 먹어라!")이나 의문문("나를 영원히 사랑할 거야?")은 명제가 아니다. 주어진 문장이 명제인지 판별하는 어림규칙 하나는 문장 뒤에 '…는 참이다'를 붙여보는 것이다. 그렇게 했을 때 전체가 유의미하다면, 그 문장은 명제다.

진릿값(참과 거짓)이 두 개뿐이라는 것은 명제 논리의 중요한 특징이다. 이 특징 때문에 명제 논리는 아주 명쾌하다. 일상에서 우리는 세계를 그렇게 흑백으로 보기를 주저한다. '최고 수준'을 '분데스리가 1부 리그에 참여하는'으로 정의한다면, "함부르크 에스파우HSV는 최고 수준의 축구 팀이다"라는 명제를 참/거짓 논리로 아주 잘 다룰 수 있다. 반면에 '최고 수준'이라는 말이 팀의 경기 방식을 의미한다면 일부 사람들은 HSV에 '최고 수준'이라는 속성을 부여하기를 꺼릴 테고, 유난히 김빠지는 경기를 보고난 뒤에는 어쩌면 위 문장이 반만 참이라고 말할 것이다. 이런 '다가(多價)' 논리들은 13장에서 다룰 것이다.

명제 논리에서는 명제를 더 분해하지 않고 대개 대문자 알파벳(A, B, C,⋯)으로 표기한다(필요하다면 다른 기호, 예컨대 한국어 글자로 표기할 수도 있다—옮긴이). 명제들을 논리 연산자로 연결하면 새로운 명제가 만들어진다.

중요한 연산자 하나는 낫not 연산자다. 이 연산자는 임의의 명제를 그것의 반대로 바꾼다. 예컨대 "내일 비가 올 것이다"를 "내일 비가 오지 않을 것이다"로 바꾼다. 명제 A에 낫 연산자를 적용한 결과를 $\neg A$로 표기한다. 낫 연산자의 구실을 보여주기 위하여 다음과 같이 $\neg A$의 진릿값을 보여주는, 이른바 '진리표'를 작성할 수 있다.

A	$\neg A$
T	F
F	T

진릿값 T와 F는 각각 참true과 거짓false의 약자다. 이 표의 의미는 다음과 같다. A가 참이면 $\neg A$는 거짓이고, A가 거짓이면 $\neg A$는 참이다.

흥미로운 일들은 명제 두 개를 연결할 때 비로소 발생한다. 그런 연결에 쓰이는 연산자는 앤드and, 오어or, 이프if, 온리이프only if다(이것들 외에 다른 연산자들도 있다). 이 연산자들은 각각의 진리표를 통해 완벽하게 정의된다. 명제가 두 개 있으면 진릿값들의 조합은 네 가지가 가능하므로, 이 연산자들 각각을 정의하기 위해서는 4개의 행이 있는 진리표로 충분하다. 예컨대 기호 ∧로 표기되는 앤드 연산자는 다음 진리표를 통해 정의된다.

A	B	$A \wedge B$
T	T	T
T	F	F
F	T	F
F	F	F

이 연산자의 구실은 일상언어에서 앤드('그리고')의 의미를 생각하면 쉽게 납득할 수 있다. "A 그리고 B"는 A와 B가 둘 다 참일 때만 참이고 다른 모든 경우에 거짓이다.

오어 연산자는 알파벳 v와 유사한 ∨로 표기되며 다음과 같은 진리표를 갖는다.

A	B	$A \vee B$
T	T	T
T	F	T
F	T	T
F	F	F

일상언어에서 오어('또는')는 두 가지 뜻으로 쓰인다. 첫째, 이른바 '배제적 오어exclusive OR'가 있다. 예컨대 "점심 메뉴는 밥 또는 국수다"라는 말을 들으면, 대다수 사람들은 점심 메뉴로 밥이 나오거나 국수가 나오거나 둘 중 하나라는 뜻으로 이해하고 밥과 국수가 둘 다 나올 가능성을 배제한다. 반면에 "내일은 비 또는 눈이 올 가능성이 있다"라는 문장은 내일 비와 눈이 둘 다 올 가능성을 배제하지 않는다. 이를테면 오전에 비가 오다가 오후부터 눈으로 바뀔 가능성을 열어놓는다. 이런 오어를 '포함적 오어inclusive OR'라고 하는데, 논리에서 사용하는 오어는 거의 항상 포함적 오어다. 앞의 표에서 보듯이 두 명제를 포함적 오어로 연결한 결과는 두 명제가 모두 참일 때에도 참이다.

이미 1장에서 언급했듯이 많은 학생들은 이프 ('만일') 연결, 곧 함축implication을 가장 납득하기 어려워한다. 일상언어에서 "만일 A라면, B다"는 거의 항상 A와 B의 내용적 연관성을 암시하고 때로는 인과관계까지 암시한다. "만일 비가 오면, 길바닥이 젖을 것이다"가 그런 예다. 그러나 논리에서는 이프 연결을 다룰 때도 내용을 완전히 무시하고 오직 순수한 형식적 연결만 따진다. 함축은 다음의 진리표를 통해 정의된다.

A	B	$A \rightarrow B$
T	T	T
T	F	F
F	T	T
F	F	T

이 표를 다음과 같은 두 개의 원리로 요약할 수 있다. 1) 참에서 거짓을 끌어낼 수 없다. 2) 거짓에서는 무엇이든지 끌어낼 수 있다.

곧바로 혼란스러운 예를 하나 보자. "만일 $\neg A$라면 A다." (또는 "$\neg A$는 A를 함축한다.") 이 명제의 진리표를 쉽게 작성할 수 있다.

A	$\neg A$	$\neg A \rightarrow A$
T	F	T
F	T	F

이 표에 따르면 "크리스티안 불프가 독일 대통령이 아니라면, 크리스티안 불프는 독일 대통령이다"는 불프의 대통령 재임 기간에는 참이었고 지금은 거짓이다! 영 이상하지 않은가?

반면에 온리이프('~해야만') 연산자의 구실은 일상언어와 꽤 정확하게 일치한다. 이 경우에도 명제 A와 B 사이의 연관성은 신경 쓰지 말아야 한다. 논리는 연관성에 개의치 않으며 오로지 진릿값에만 관심이 있다. 명제 A와 B를 온리이프(기호는 ↔)로 연결한 결과는 A와 B의 진릿값이 같을 때는 참이고 다를 때는 거짓이다. 이를 진리표로 보면 다음과 같다.

A	B	$A \leftrightarrow B$
T	T	T
T	F	F
F	T	F
F	F	T

또 다른 논리 연산자들도 있을까? 간단히 생각해보면 알 수 있듯이 두 명제를 연결하는 연산자를 진리표를 통해 정의할 때, 가능한 진리표의 가짓수는 16개다. 따라서 정확히 16개의 연산자를 정의할 수 있다. 그러나 그렇게 많은 연산자가 필요하지는 않다. 왜냐하면 지금까지 정의한 연산자들의 조합을 통해서 가능한 16가지 연산자 모두를 표현할 수 있기 때문이다. 더구나 이제껏 정의한 연산자들조차도 모두 필수는 아니다. 예컨대 이프 연산자, 곧 "만일 A라면, B다"는 "$\neg A$ 또는 B"로 표현할 수도 있다. 우리는 이 사실을 논리적으로 증명하고자 한다. 이를 위해 "$\neg A$ 또는

B"의 진리표를 작성하자.

A	B	$\neg A$	$\neg A \vee B$
T	T	F	T
T	F	F	F
F	T	T	T
F	F	T	T

이 진리표는 함축을 정의하는 진리표와 정확히 일치한다. 따라서 "만일 A라면, B다"는 "$\neg A$ 또는 B 또는 둘 다이다"와 논리적으로 동일하다.

모든 논리 연산자들을 낫과 오어의 조합으로 표현할 수 있다는 것을 쉽게 증명할 수 있다. 게다가 이런 환원 작업을 더 진행할 수도 있는데, 그러려면 새로운 연산자 난드nand(셰퍼 스트로크sheffer stroke라고도 함)가 필요하다.

난드 연산자 하나만 있으면 낫까지 포함해서 다른 모든 연산자들을 구성할 수 있다. 난드라는 명칭은 영어 'not-and'에서 유래했으며 이 연산자는 앤드 연산자와 정반대의 구실을 한다. 명제 A와 B를 난드(기호는 |)로 연결한 결과는 A와 B가 모두 참일 때만 거짓이고 나머지 모든 경우에 참이다. 이를 진리표로 나타내면 다음과 같다.

A	B	$A \mid B$
T	T	F
T	F	T
F	T	T
F	F	T

셰퍼 스트로크를 이용하여 다른 연산자들을 표현하는 방법은 다음과 같다.

$\neg A$는 $A \mid A$와 같다.
$A \wedge B$는 $(A \mid B) \mid (A \mid B)$와 같다.
$A \vee B$는 $(A \mid A) \mid (B \mid B)$와 같다.
$A \rightarrow B$는 $A \mid (A \mid B)$와 같다.
$A \leftrightarrow B$는 $(A \mid B) \mid ((A \mid A) \mid (B \mid B))$와 같다.

이 동치 관계들이 실제로 성립하는지 여부를 차근차근 진리표들을 작성해가면서 확인해보기 바란다.

이 동치 관계에 대한 앎은 이론적으로 매우 중요할지 몰라도 실생활에서는 거의 효용이 없다. 보다시피 다른 연산자를 난드 조합으로 나타내려면 너무 긴 표현이 필요하다. 이를테면 다음의 명제를 보자.

만일 비가 온다면, 나는 집에서 나설 때 우산을 챙길 것이다.

"비가 온다"를 R로 나타내고, "나는 집을 나선다"를 H, "나는 우산을 챙긴다"를 S로 나타내면, 이 명제를 다음처럼 표기할 수 있다.

$$R \rightarrow (H \rightarrow S)$$

이것은 한눈에 충분히 파악할 만한 논리식이다. 반면에 똑같은 명제를 셰퍼 스트로크로 표현하면 다음 식이 나온다.

$$R|(R|(H|(H|S)))$$

이 논리식을 이해하려면 우선 여는 괄호와 닫는 괄호의 개수가 일치하는지부터 따져야 한다! 이 식의 의미를 직관적으로 파악할 길은 없다.

이제 은행 강도 사건으로 돌아가자. 후프나겔은 어떤 도표를 작성했을까? 그는 세 가지 명제, 곧 "아르니가 강도에 가담했다", "보도가 강도에 가담했다", "크리스가 강도에 가담했다"에 관한 진리표 하나를 작성했다. 이 진술들 각각을 A, B, C로 표기하자. 진술들의 진위에 따라서 총 8개의 진릿값 조합이 가능하다(40쪽 표 참조).

벤케 경감의 수사팀이 신문한 전과자 세 명의 진술을 어떻게 기호화할 수 있을까? 그들은 제각각 자신은 결백하다고 주장하면서 나머지 한 명이나 두 명을 범인으로 지목했다. 그 진술들을 기호화하면 다음과 같다. 후프나겔이 작성한 도표는 그 다음에 나온다.

아르니의 진술: $\neg A \wedge B \wedge C$ *

보도의 진술: $\neg B \wedge A \wedge \neg C$

크리스의 진술: $\neg C \wedge A \wedge B$

A	B	C	아르니: $\neg A \wedge B \wedge C$	보도: $\neg B \wedge A \wedge \neg C$	크리스: $\neg C \wedge A \wedge B$	일관적인가?
T	T	T	F	F	F	예
T	T	F	F	F	T	예
T	F	T	F	F	F	아니오
F	T	T	T	F	F	예
T	F	F	F	T	F	아니오
F	T	F	F	F	F	아니오
F	F	T	F	F	F	아니오
F	F	F	F	F	F	아니오

* 정확히 하려면 괄호를 삽입하여 $\neg A \wedge (B \wedge C)$로 표기해야 한다. 왜냐하면 앤드 연산자는 두 개의 명제를 연결하는 경우에 대해서만 정의되어 있기 때문이다. 그러나 연산자 앤드가 중복되거나 오어가 중복될 때는 괄호를 넣어도 되고 빼도 된다.

후프나겔이 "일관적인가?"이라는 표제를 달아서 만든 마지막 열은 무엇을 의미할까? 이 열은 후프나겔의 가정, 곧 범인은 거짓말을 하고 무고한 피의자는 진실을 말한다는 가정과 관련이 있다. 이 가정에 따르면 아르니의 진술의 진릿값은 명제 *A*("아르니가 강도에 가담했다")의 진릿값과 반대여야 한다. 마찬가지로 보도의 진술과 명제 *B*, 크리스의 진술과 명제 *C*도 진릿값이 서로 반대여야 한다. 위 진리표의 마지막 열은 그 반대 관계들이 실제로 성립하는지 보여준다. 진리표의 각 행들을 검토해보면, 피의자 세 명의 진술이 모두 그 반대 관계를 만족시키는 경우는 세 행밖에 없다. 어둡게 칠한 그 세 행을 자세히 보면, 모든 행에서 명제 *B*의 진릿값은 T다. 따라서 후프나겔은 다른 두 명은 어쨌든 간에 보도는 틀림없이 은행 강도에 가담했다는 예리한 결론을 내린다.

어둡게 칠한 세 행 중에서 두 번째와 세 번째는 각각 크리스의 진술과 아르니의 진술이 참인 상황에 해당한다. 즉, 두 번째는 크리스를 뺀 나머지가 범인인 상황, 세 번째는 아르니를 뺀 나머지가 범인인 상황에 대응한다. 그런데 보도를 다시 불러 신문하니, (이제 거짓말을 할 이유가 없으므로 진실을 말하는) 그는 자신이 기존에 했던 진술뿐 아니라 아르니와 크리스의 진술도 거짓이라고 고백한다. 따라서 어둡게 칠한 세 행 중에서 두 번째와 세 번째는 배제되고 첫 번째만 남는다. 즉, 전과자 세 명이 모두 강도에 가담한 것이고 그들의 진술은 모두 거짓이다.

누군가가 거짓말을 하는지 여부를 알아내야 하는 상황에 관한 문제들을 스스로 풀어보고 싶은 독자는 7장에 나오는 거짓말쟁이들의 섬 멘다치노로 오시기 바란다.

3장

슈퍼맨의 곤경

– 좋은 추론과 그리 좋지 않은 추론

보르트만 씨네 집에 예외 상황이 벌어졌다. 보르트만 부인은 중요한 약속을 지키러 학교 식당에 갔다. 어머니회에서 매일 자발적으로 학교 급식을 돕기로 한 것이다. 그동안 아이들을 돌보는 일은 마티아스 보르트만의 몫이다.*

그의 아들 레온은 어느새 10살이 되어 김나지움(독일의 인문계 중등학교—옮긴이)에 다닌다. 가정에서 각자의 역할은 명확히 정해져 있다. 프리랜서 투자상담가인 아버지는 널찍한 자택에 사무실을 마련했다. 그는 매일 8시간씩 방해 받지 않고 사무실에 머물기를 바란다. 가족의 윤택한 생활을 책임지는 가장으로서 그럴 만도 하

* 『물리학 시트콤』 7화 '아들의 방에서'를 읽은 독자는 보르트만 가족을 알 것이다.

다. 어머니는 가사와 육아, 그리고 "쓸데없는 일"을 맡는다. 보르트만은 아내가 집 밖에서 하는 활동을 때때로 폄하하면서 "쓸데없는 일"이라고 부른다. 오늘은 그런 "쓸데없는 일"이 있는 날이어서, 오후에 레온을 돌보는 임무를 마티아스 보르트만이 마지못해 맡았다.

뭐 대단한 임무는 아니다. 과거에 그는 아들 방에서 불편한 플라스틱 의자나 바닥에 앉아 레온과 놀며 미칠 듯한 지루함을 참아내야 했다. 이제 아들은 제 앞가림을 하기에 충분할 만큼 자랐다. 레온은 숙제를 하고 책을 읽거나 컴퓨터 앞에서 시간을 보낸다(컴퓨터로 정확히 무엇을 하는지는 아버지도 모른다).

아버지가 사무실에서 컴퓨터 앞에 앉아 복잡한 엑셀 파일들을 정리하는 동안, 아들은 제 방에서 바닥에 누워 만화책을 본다. 아버지와 아들이 서로의 목소리를 들을 수 있도록 방문들은 열어두었다.

"아빠!" 아들 방에서 우렁찬 외침이 터져 나온다.

"응." 보르트만이 대답한다. "탁, 타닥, 탁, 탁" 그의 손가락들이 자판을 두드린다.

"뭐 좀 물어봐도 돼?"

대관절 왜 이 아이는 항상 뭘 물어봐도 되냐고 묻는 것일까? "당연하지!" 탁, 타닥, 탁, 탁.

"슈퍼맨이 있어?" 레온이 궁금해한다.

보르트만은 망설인다. 어떻게 대답해야 하지? 레온은 아직도

산타클로스가 있다고 믿을까? "없어!"라고 대답하면 레온이 몹시 실망하려나?

"그럼, 슈퍼맨이 있고말고." 마침내 보르트만이 대답한다.

한동안 침묵이 이어지면서 가끔 "탁, 타닥, 탁, 탁" 소리와 레온이 책장을 넘기는 소리만 들린다.

"슈퍼맨이 악을 막을 능력이 있고 의지도 있으면, 슈퍼맨은 실제로 악을 막을 거야. 그렇지?"

"암, 당연하지." 아버지가 말한다. "슈퍼맨이 세상을 구하는 얘기는 아빠보다 네가 더 많이 읽었잖아."

"슈퍼맨이 악을 막을 수 없다면, 슈퍼맨은 무능력한 거야. 안 그래?" 레온이 힘주어 말한다.

"그래, 맞아." 보르트만이 대꾸한다. 그런데 잠깐! 크립토나이트인가 뭔가 하는 게 있지 않았나? 슈퍼맨을 약하게 만들 수 있는 것 말이다. 하지만 슈퍼맨은 위기에 빠져도 항상 탈출한다.

"슈퍼맨이 악을 막으려 하지 않는다면, 슈퍼맨 자신이 악한 거야. 그렇지?"

이 아이가 대체 무슨 이야기를 하려는 걸까? 보르트만은 서서히 인내심을 잃는다. "물론 그렇지. 하지만 슈퍼맨은 착한 영웅이어서 악을 막으려고 해."

탁, 타닥, 탁, 탁. 책장 넘기는 소리. 시간이 2분가량 흐른다.

"그런데 슈퍼맨은 악을 막지 않아. 항상 최악의 범죄를 저지르는 렉스 루터Lex Luthor라는 놈이 있잖아." 마침내 아들 방에서 반론이 나온다.

"뭐 그렇긴 한데…" 아버지가 투덜거린다. "그런 악당이 없으면 이야기가 재미없게 되잖아. 항상 렉스 루터가 있어야 해. 그래야 재미있으니까." 이 정도 설명이면 충분해야 마땅하다고 보르트만은 생각한다.

"만일 슈퍼맨이 정말로 있다면, 슈퍼맨은 틀림없이 악하지도 않고 무능력하지도 않아." 레온이 말한다.

"맞아. 슈퍼맨은 착한 영웅이고 초능력자야."

잠시 침묵이 흐른다. 보르트만은 계속 "탁, 타닥, 탁, 탁" 소리를 내며 스크린상의 표에 이자율을 채워넣는다. 그런데 갑자기 레온이 사무실 문턱 앞에 나타난다. 이것은 신성모독에 가까운 행동이다. 사무실은 오직 아버지만 드나들 수 있는 신성한 장소이기 때문이다.

"아빠가 방금 모순을 범했어." 아들이 승자의 미소를 지으며 말한다.

"내가 모순을 범했다고? 어째서? 난 사람들이 슈퍼맨에 대해서 하는 얘기를 그대로 했을 뿐이야."

"그럴 수도 있겠지." 레온이 말한다. "하지만 아빠가 한 말에서 슈퍼맨은 존재할 수 없다는 결론을 논리적으로 도출할 수 있어."

"논리적으로?"

"응, 논리적으로."

"내가 설명을 들어봐야겠는걸."

아들이 아버지에게 도표를 보여준다. 모양이 엑셀 파일과 아주 비슷하다. 얼마 후에 보르트만은 아들의 논리가 완벽하며 필연적임을 깨닫는다. 그가 말한 바를 전제하면, 정말로 슈퍼맨은 존재할 수 없다.

"우아, 정말 대단한걸!" 보르트만이 감탄한다. 그러면서 그의 논리적인 아들이 조만간 이와 유사한 논증으로 사랑이 넘치는 신에 관한 이야기를 해부하지 않기를 간절히 바란다.

좋은 추론

보르트만의 걱정은 일리가 있다. 레온이 제시한 논증은 신이 세상의 악을 허용한다면, 신은 존재할 수 없다는 것을 증명하는 논증과 다르지 않기 때문이다. 단지 슈퍼맨을 신으로 바꾸기만 하면 된다. 오래 전부터 철학자들과 신학자들은 선한 신과 세상의 악을 조화시키려는 시도들을 변신론theodicy이라고 불러왔다.

논증, 혹은 추론이란 특정한 전제들에서 특정한 명제가 나온다는 것을 설득력 있게 보여주는 작업이다. 고전 논리학에는 수많은 추론 규칙들이 있으며 전제들을 그 규칙들에 따라 변형하여 원하는 귀결에 도달하면 증명이 완성된다.

가장 오래된 규칙 두 개는 '긍정 논법modus ponens, MP'과 '부정 논법modus tollens, MT'이다. 일찍이 고대 그리스인들도 이 규칙들을 이용했다. 긍정 논법은 다음과 같다. 만일 명제 A에서 B가 귀결되고 A가 참이라면, B도 참이다. 예를 하나 보자.

만일 비가 오면, 길바닥이 축축하다.

비가 온다.

따라서 길바닥이 축축하다.

긍정 논법을 다음처럼 기호로 나타낼 수 있다.

$$A \rightarrow B, A \vdash B$$

보다시피 전제들 사이에 쉼표를 찍고 턴스틸turnstile 기호를 쓴 다음에 귀결을 적는다.

부정 논법은 긍정 논법과 밀접한 관련이 있다. 부정 논법을 기호로 나타내면 다음과 같다.

$$A \rightarrow B, \neg B \vdash \neg A$$

예를 하나 보자.

만일 비가 오면, 길바닥이 축축하다.

길바닥이 축축하지 않다.

따라서 비가 오지 않는다.

이 두 규칙은 누구나 쉽게 이해할 수 있을뿐더러 진리표를 통해 신속하게 검증할 수 있다. 그러면 두 개의 전제가 참일 경우에는 (*A*와 *B*의 진릿값 조합이 어떠하든지 상관없이) 귀결도 언제나 참이라는 것을 금세 깨닫게 된다.

그렇다면 왜 논리적 추론 규칙들이 필요할까? 실용적인 대답과 근본적인 대답이 있다. 우선 실용적 측면에서 말하면, 진리표를 이용하여 논증을 검증하는 작업은 논증에 포함된 명제들이 많아질수록 더 버거워진다. 곧 보겠지만 레온의 슈퍼맨 논증에 등장하는 명제들은 여섯 개이며 그것들의 진릿값이 이룰 수 있는 조합의 개수는 무려 2^6, 즉 64개다.

하지만 또한 추론 규칙과 진리표 사이에는 매우 근본적인 차이가 있다. 진리표를 이용한 검증은 주장의 타당성에 대한 '의미론적semantic' 증명이다. 이때 '의미론적'이라 함은 명제의 구체적 내용을, 다시 말해 명제가 실제로 참이거나 거짓인지를 고려한다는 뜻이다. 반면에 추론 규칙들을 이용한 증명은 '구문론적syntactic'이다. 즉, 진릿값에는 관심 없이 명제를 규칙에 따라 변형하기만 한다. 이 증명은 오로지 논리적 기호들의 조작을 통해 이루어지며 참이나 거짓에는 신경을 쓰지 않는다.

어쩌면 이 구분이 너무 깐깐하다고 느끼는 독자도 있을 것이다. 실제로 명제 논리는 단순한 시스템이기 때문에 명제 논리에서 의미론적으로 참인 모든 문장은 구문론적으로도 증명 가능하다. 이런 논리 시스템을 일컬어 '완전하다complete'고 한다.

하지만 참과 증명 가능성의 구분은 지금 이 대목에서도 중요하다. 형식적 시스템은 내용과 무관한 기호 조작인 '계산'과 내용적 설명인 '기호 해석'으로 이루어진다. 명제 논리 시스템에서는 명제에 진릿값을 부여하는 것이 기호 해석에 해당한다. 동일한 시스템이 여러 해석을 가질 수 있다. 문장이 참이라는 것은 시스템에 특정 해석을 적용했을 때 그 문장이 옳다는 뜻이다. 반면에 문장이 증명 가능하다는 것은 정확히 정의된 공리들과 추론 규칙들로부터 그 문장을 구문론적으로 차근차근 도출할 수 있다는 뜻이다. 이미 말한 대로 명제 논리에서는 참과 증명 가능성이 일치한다. 또한 몇 십 년 전까지만 해도 수학자들은 수학에서 모든 참인 문장은 증명 가능하다고 믿었다. 그러나 10장에서 보겠지만, 쿠르트 괴델은 그들의 착각을 영원히 복구할 수 없게 깨부쉈다.

아무튼 형식적으로 올바른 논리적 증명은 매 단계에서 오직 전제들과 거기에서 도출된 명제들만 사용하며 그것들에 소수의 변형 및 추론 규칙들만 적용한다. 증명을 시도하는 사람은 증명의 모든 행 각각이 앞선 행들에서 어떻게 도출되는지를 바로 그 행에 명시해야 한다. 수학자들이 흔히 쓰는 "쉽게 알 수 있듯이…" 같은 상투어는 허용되지 않는다.

슈퍼맨 이야기로 돌아가기에 앞서, 일단 더 간단한 예를 살펴보자. 아래 추론을 증명해보자.

$$A \to B,\ \neg A \to C,\ \neg B \vdash C$$

이 형식적 추론을 이를테면 다음과 같이 해석할 수 있다. "내가 밥을 다 먹으면, 날씨가 좋다. 내가 밥을 다 먹지 않으면, 우리 어머니가 화를 낸다. 지금 날씨가 나쁘다. 따라서 우리 어머니가 화를 낸다." 논리적으로 깔끔한 추론이다. 그렇지 않은가?

이 추론을 형식적으로 증명하기 위하여 모든 전제들을 나열하고 번호를 매기자.

1. $A \rightarrow B$
2. $\neg A \rightarrow C$
3. $\neg B$

이제 변형 및 추론에 관한 규칙들을 적용하여 새 문장들을 만들자. 목표는 조만간 결론, 곧 C에 도달하는 것이다. 우선 아래와 같은 4번 문장을 만들 수 있다.

4. $\neg A$ (1, 3 MT)

괄호 속 기호는 이 새로운 문장이 어떤 문장에 어떤 규칙을 적용해서 나왔는지 알려준다. 보다시피 이 문장은 문장1과 문장3, 곧 전제 $A \rightarrow B$와 $\neg B$에 부정 논법(기호로 MT)을 적용하여 얻었다. 이 추론은 의미론적으로도 옳다. "내가 밥을 다 먹으면, 날씨가 좋다. 지금 날씨가 나쁘다. 따라서 나는 밥을 다 먹지 않았다."

다음 단계는 마지막 단계이기도 하다.

5. C (2, 4 MP)

명쾌한 긍정 논법(기호로 MP)이다. "내가 밥을 다 먹지 않으면, 우리 어머니가 화를 낸다. 나는 밥을 다 먹지 않았다. 따라서 우리 어머니가 화를 낸다." 증명이 완료되었다!

당신은 이 모든 증명이 지나치게 엄밀하고 깐깐하다고 느끼는가? 충분히 그럴 만하다. 그러나 그 엄밀함과 깐깐함은 이 증명 방식의 강점이기도 하다. 이 증명은 정말 하늘이 무너지더라도 타당하다. 왜냐하면 매 행에서 오로지 기존에 받아들인 문장들의 매우 기초적인 변형들만 받아들이기 때문이다. 물론 이런 증명을 구성하는 작업이 식은 죽 먹기처럼 쉽다는 뜻은 아니다. 더 복잡한 추론을 증명하려면 본격적으로 머리를 굴려야 한다. 그럼에도 100년 전의 수학자들은 수학 전체를 이런 식으로 증명하는 것을 꿈꿨다. 모든 가능한 공리들로부터 모든 가능한 형식적 귀결들을 끌어낸다면, 수학에서 참인 어떤 문장이라도 유한히 많은 단계들을 거쳐 증명할 수 있으리라고 믿었던 것이다.

이제 우리는 레온의 슈퍼맨 논증을 형식화할 준비를 갖췄다. 정말로 "슈퍼맨은 없다"라는 문장이 전제들로부터 구문론적으로 도출될까? 전체 도출 과정이 약간 까다롭기 때문에 이어지는 증명의 바탕을 다른 색으로 처리했다. 기호에 알레르기가 있는 독자는 그 부분을 건너뛰어도 좋다.

우선 문장들을 글자로 나타내자.
'능'은 "슈퍼맨은 악을 막을 능력이 있다"를 나타낸다.
'의'는 "슈퍼맨은 악을 막을 의지가 있다"를 나타낸다.
'무'는 "슈퍼맨은 무능력하다"를 나타낸다.
'악'은 "슈퍼맨은 악하다"를 나타낸다.
'막'은 "슈퍼맨은 악을 막는다"를 나타낸다.
'있'은 "슈퍼맨은 있다"를 나타낸다.

그러면 전제들을 아래와 같이 표기할 수 있다.

1. (능∧의) → 막
("슈퍼맨이 악을 막을 능력이 있고 의지도 있으면, 슈퍼맨은 실제로 악을 막는다.")

2. ¬능 → 무
("슈퍼맨이 악을 막을 능력이 없다면, 슈퍼맨은 무능력한 것이다.")

3. ¬의 → 악

("슈퍼맨이 악을 막을 의지가 없다면, 슈퍼맨 자신이 악한 것이다.")

4. ¬막

("슈퍼맨은 악을 막지 않는다.")

5. 있 → (¬악∧¬무)

("슈퍼맨이 있다면, 슈퍼맨은 악하지도 않고 무능력하지도 않다.")

레온이 주장하는 바는 위의 다섯 가지 전제들에서 슈퍼맨이 없다는 결론이 나온다는 것이다. 그 주장을 형식화하면 아래와 같다.

(능∧의) → 막, ¬능 → 무, ¬의 → 악, ¬막,
있 → (¬악 ∧ ¬무) ⊢ ¬있

이를 증명하기 위해 기존 문장들로부터 새 문장을 산출하면서 어떤 규칙을 적용하여 그 문장을 얻었는지 명시

하는 작업을 반복하자. 이 증명에서 필요한 규칙들은 다음과 같다.

$A \rightarrow B \equiv \neg A \vee B$ (함축, 약자로 Impl)

이 규칙은 2장에서 언급한 바 있다. 삼중 등호(≡)의 의미는 추론이 양방향으로 타당하다는 것, 바꿔 말해 삼중 등호 양편의 식들이 서로 동치라는 것이다.

$A \rightarrow B \equiv \neg B \rightarrow \neg A$ (대우, Contra)

이 규칙이 옳음을 다음 예에서 금세 알 수 있다. "술을 많이 마신 사람은 취한다"는 "취하지 않은 사람은, 술을 많이 마시지 않은 사람이다"와 동치다.

$\neg(A \wedge B) \equiv \neg A \vee \neg B$

$\neg(A \vee B) \equiv \neg A \wedge \neg B$ (드모르간의 법칙, DM)

드모르간의 법칙들은 앤드 연결과 오어 연결을 부정하는 방법을 알려준다. 이 규칙들도 구체적인 명제에 적용하면 쉽게 납득이 된다. "나는 부유하고 유명하지 않다"는 "나는 부유하지 않거나 유명하지 않다(혹은, 부유하지도 않고 유명하지도 않다)"와 동치다.

$A \rightarrow B, B \rightarrow C \vdash A \rightarrow C$ (가언 삼단 논법hypothetical syllogism, HS)

이 규칙은 함축들의 계열을 만들 수 있게 해준다. "비가 오면, 길거리가 축축하다. 길거리가 축축하면, 자동차가 쉽게 미끄러진다. 따라서 비가 오면, 자동차가 쉽게 미끄러진다."
이제 증명을 시작하자. 첫 단계는 명제 1과 명제 4에 부정 논법을 적용하여 다음 명제를 얻는 것이다.

6. ¬(능∧의) (1, 4 MT)

거듭 말하지만 새로운 명제 다음에는 반드시 그 명제를 어떻게 얻었는지 알려주는 괄호를 붙여야 한다. 이제 드 모르간의 법칙을 이용하여 명제 6을 다음과 같이 변형하자.

7. ㄱ능∨ㄱ의 (6 DM)

풀이하면, 슈퍼맨은 악을 막을 능력이 없거나 의지가 없다. 만일 능력이 없다면, 명제 2에 따라서 슈퍼맨은 무능력하다. 만일 의지가 없다면, 명제 3에 따라서 슈퍼맨은 악하다. 그렇다면 슈퍼맨은 무능력하거나 아니면 악하다고 결론 내려도 될까? 당장 그렇게 할 수는 없다. 몇 단계가 더 필요하다.

8. ㄱ무 → 능 (2 Contra)
9. 능 → ㄱ의 (7 Impl)
10. ㄱ무 → ㄱ의 (8, 9 HS)
11. ㄱ무 → 악 (10, 3 HS)
12. 무∨악 (11 Impl)

이제 목표가 눈앞에 보인다.

13. ㄱ(ㄱ악∧ㄱ무) (12 DM)

바꿔 말하면, 명제 5의 함축 관계에서 오른편 항(후건)은 거짓이다. 그러므로 부정 논법에 따라서 왼편 항(전건)도 거짓이어야 한다.

14. ¬있 (5, 13 MT)

이로써 증명이 완료되었다. 우리는 "슈퍼맨은 없다"라는 주장을 전제들로부터 도출했다.

명제 논리에서는 모든 참 명제를 이와 유사한 방식으로 증명할 수 있다. 위 증명에서는 애초부터 그럴싸했던 결론을 도출하기까지 꽤 많은 단계들이 필요했다. 이런 번거로움은 논리적 정확성을 위한 대가다. 기본적인 추론 규칙들과 더불어 거기에서 도출되는 다른 규칙들도 사용하면 증명이 더 짧아진다. 거꾸로 허용되는 규칙의 개수를 줄이면 증명이 더 길고 난해하게 된다.* 최소한 몇 개의 규칙이 필요할까? 한 개만 있으면 충분하다는 것을 증명할 수 있다. 예컨대 긍정 논법 하나면 충분하다. 그 규칙 하나만 전제하면 나머지 모든 규칙들을 도출할 수 있다. 게다가 난드 연산자 하나만 있으면 모든 논리 연산자들을 표현할 수 있으므로 이런 결론

* 가장 많이 쓰이는 논리적 공리들과 추론 규칙들의 목록을 보려면 부록을 참조하라.

을 내릴 수 있다. 단 하나의 연산자와 단 하나의 추론 규칙만 있으면 명제 논리에서 참인 모든 문장을 도출할 수 있다. 하지만 이 결론의 증명을 읽고 이해할 수 있는 사람은 무척 드물다.

레온이 아버지에게 제시한 것은 논증(추론)의 한 예다. 레온은 전제 다섯 개에서 옳은 결론을 끌어냈다. 물론 이것은 극단적인 사례다. 실생활에서 논증의 전제는 기껏해야 두세 개다. 예컨대 긍정 논법의 전제는 두 개다. 논리 규칙들을 올바로 사용한 논증을 일컬어 타당한 valid 논증이라고 한다. 논증이 타당하더라도, 결론은 옳지 않을 수 있다. 타당한 논증의 결론은 모든 전제들이 참일 때만 참이다. 전제 하나가 거짓이라면, 타당한 논증에서 거짓 결론이 도출될 수도 있다. 앞서 1장에서 보았듯이 거짓 전제들에서는 무엇이든지 도출할 수 있다.

논증이 타당하고 모든 전제들이 참일 경우, 그 논증을 건전하다 sound고 한다. 건전한 논증의 결론은 반드시 참이다.

결론을 건전하게 증명하지 못하는 논증을 일컬어 '오류 추론 fallacy'이라고 한다. 정치와 세계관을 둘러싼 논쟁에서는 오류 추론이 흔히 등장한다. 일부 오류 추론은 순수한 논리적 오류 추론이어서 실은 타당한 논증이 아니다. 하지만 증거로 제시할 만한 사실들이 별로 없는데도 상대를 설득하려 할 때 사용하는 변형된 오류 추론도 많다. 그 오류 추론들은 대충 생각하는 사람들을 노리는 현혹의 기술이며 논리보다 수사학의 영역에 속한다. 그럼에도 나는 가장 중요한 오류 추론들을 간략하게 정리한 다음의 목록에 그런 현혹적인 오류 추론들도 포함시키려 한다. 오류 추론의 패턴들에 익숙해지면, 어떤 텔레비전 토크쇼에서든지 오류 추론의 예를 발견하게 될 것이다.

우선, 순수 논리적 오류 추론들은 기초적인 추론 규칙들을 위반한다.

긍정 논법/부정 논법 오류: 한 예를 보자. "초콜릿을 너무 많이 먹는 사람은 뚱뚱해진다. 나는 초콜릿을 먹지 않는다. 따라서 나는 뚱뚱해질 것을 염려할 필요가 없다." 형식을 따지면, $A \rightarrow B$와 $\neg A$에서 $\neg B$를 끌어내는 부당한 추론이다.

전제 오류: 이 오류 추론은 타당한 추론이 반드시 건전한 것은 아님을 보여준다. "포유동물은 알을 낳지 않는다. 부리를 가진 동물은 알을 낳는다. 따라서 부리를 가진 동물은 포유동물이 아니다." 이 추론의 논리는 결함이 없다. 그러나 첫째 전제가 거짓이다. 알을 낳는 포유동물도 있으니까 말이다.

순환 논법: A에서 B를 도출한 다음에 (경우에 따라 몇 단계를 더 거쳐서) 다시 A를 도출하는 추론. "유전 공학은 연구가 너무 미진한 분야다. 그래서 인구의 과반수는 유전 공학을 거부한다. 그래서 유전 공학 연구는 강하게 규제되어야 한다."

둘째 유형의 오류 추론들은 명제들을 부당하게 연결한다.

선후 인과 혼동 오류: 이 오류 추론의 라틴어 명칭 'post hoc,

ergo propter hoc'는 '이것 다음에, 따라서 이것 때문에'라는 뜻이다. 즉, *A* 다음에 *B*가 나타난다는 사실에 근거하여 *A*가 *B*의 원인이라고 결론짓는 오류 추론이 선후 인과 혼동이다. "나는 우유를 먹고 두 시간 뒤에 복통이 생겼다. 따라서 나는 우유에 알레르기가 있다." 자연과학에서 모든 귀납추론은 선후 인과 혼동의 위험이 있다. 또한 엄밀히 따지면 관찰 사례들이 아무리 많더라도 인과 관계를 증명할 수는 없다.

미끄러운 경사면 오류: 명제 *A*에서 일련의 귀결들이 도출되는데, 마지막 귀결이 아주 나쁘기 때문에 *A*도 나쁠 수밖에 없다고 결론짓는 오류 추론. "장애를 가진 태아의 낙태를 허용하면, 사회에 장애인이 점점 더 감소할 것이다. 장애인이 감소하면, 장애에 대한 편견과 장애인에 대한 차별이 지금보다 더 심해질 것이다. 따라서 장애를 가진 태아에 대한 낙태는 나쁘다." 미끄러운 경사면 오류를 범하는 논증은 항상 하나 이상의 약한 고리를 포함한다. 이 예에서 약한 고리는 장애인이 감소하면 장애인 차별이 심해진다는 것이다. 이 명제를 뒷받침하는 증거는 없다.

딜레마 오류: 선택지들을 부당하게 줄인 다음에 틀린 결론을 내리는 오류 추론. "우리는 휴가 때 네덜란드에 가거나 아니면 아무데도 가지 않을 것이다. 너는 네덜란드에 가기 싫다. 그렇다면 좋다. 집에서 휴가를 보내자." 수사관은 이런 오류를 범할 위험에 늘 직면한다. "범인은 정원사이거나 집사이거나 하녀다. 그런데 정원사와 집사는 확실한 알리바이가 있다. 따라서 틀림없이 하녀가 범

인이다." 하지만 또 다른 사람이 범인일 수도 있을 것이다.

유추 오류: 이 오류 추론의 형식은 다음과 같다. *A*와 *B*는 매우 유사하다. 그리고 *B*에서 *C*가 나온다. 따라서 *A*에서는 *C*와 유사한 무언가가 나올 것이다. 한 예로 진화론에 반발하는 사람들의 논증을 보자. "유기 분자들의 혼합물에서 복잡한 유기체가 발생했다는 것은 토네이도가 폐차장을 휩쓸고 나니 잘 작동하는 벤츠 자동차가 발생했다는 것만큼 터무니없다." 모든 유추는 결함이 있고, 특히 일부 유추는 결함이 많다는 점을 잊지 말아야 한다.

허수아비 공격 오류: 상대의 견해를 왜곡하거나 단순화해놓고 공격하는 것. 한 예를 보자. A 의원은 국방 예산에서 종이 집게 구입 비용을 20퍼센트 삭감하자고 주장한다. 그러자 B 의원이 반발한다. "당신은 이 나라를 무방비 상태로 적국에게 넘길 작정입니까?"

동일시 오류: 동일하지 않은 둘을 동일시하는 오류. "환경 보호론자들은 기후가 더워진다고 말한다. 그런데 지난여름은 매우 시원했다. 따라서 환경 보호론자들의 말이 틀렸다." 이 오류 추론은 장기적인 기후와 단기적인 날씨를 동일시한다.

어떤 논증들은 강력한 반론에 직면하여 살아남기 위해서 원래 명제들과 정의들을 번복한다. 이런 유형의 논증은 설득력이 특히 약하다.

임기응변: A는 독심술 같은 초감각 현상을 과학적 실험으로 증

명할 수 있다고 주장하면서 몇 가지 실험 방법을 제시한다. 그런데 회의론자인 B가 그 방법들에 따라 실험해보니 독심술이 입증되지 않는다. 그러자 A는 이를 자신의 이론을 심각하게 위협하는 반례로 해석하는 대신에, 회의론자가 있는 자리에서는 독심술이 작동하지 않는다는 주장을 새로 덧붙여 자신의 이론을 보강한다.

골대 옮기기: 자기 주장의 진위 판정 기준을 바꾸는 것. A는 이렇게 주장한다. "어류와 양서류 사이의 중간 형태가 존재하지 않는 것을 보면, 진화론은 틀린 것이 분명하다." 이에 맞서 한 생물학자가 정확히 어류와 양서류 사이의 중간 형태인 틱타알릭 Tiktaalik의 화석을 제시한다. 그러자 A는 새로운 주장을 편다. "하지만 틱타알릭과 양서류 사이의 중간 형태는 없지 않은가!"

"진짜 스코틀랜드인이 아냐": 개념 자체를 조작하는 것. "모든 스코틀랜드인은 용감해."—"아냐, 맥도널드를 보라고. 그 친구는 완전히 겁쟁이야."—"맥도널드? 그 친구는 제대로 된 스코틀랜드인이 아냐." 어떤 보수적인 기독교도가 "기독교도는 낙태에 찬성할 수 없다"라고 주장한다고 해보자. 아마도 그는 낙태에 찬성하는 기독교도들을 진짜 기독교도로 여기지 않을 것이다.

오류 추론을 내놓는 사람은 많은 경우에 외적인 권위에 기대어 자기 추론의 취약성을 보완하려 한다. 혹은 거꾸로 반대자가 수상한 인물들과 한 편이라거나 반대자 본인이 신뢰할 수 없는 인물이라는 것을 보여주려 한다.

인기 논증: "포크 음악 팬 2000만 명이 바보일 리는 없다." "수백만 명이 꽃향기 치료를 받고 그 효과에 만족한다."

권위 논증: "비타민 C를 다량 섭취하면 감기가 예방된다. 노벨상을 두 번이나 받은 라이너스 폴링이 그렇게 말했다." 그러나 폴링은 노벨화학상과 노벨평화상을 받았고 노년에야 이례적인 치료법들에 관심을 기울였다. 소시지 광고에 출연하는 모든 유명인도 "전문 분야와 무관한" 주장을 뒷받침하기 위해 자신의 (예컨대 퀴즈쇼 사회자로서 쌓은) 권위를 활용한다. 거꾸로 동일한 전략을 활용하여 좋은 반론을 무력화하려는 사람들도 있다. 그들은 반론자의 전문성을 깎아내린다. "당신은 기(氣) 치료를 정식으로 배운 적이 없기 때문에 왈가왈부할 자격이 없습니다."

갈릴레오 카드: "갈릴레오도 당대에는 비웃음을 받았습니다. 하지만 지금 그는 가장 위대한 지식인의 한 명으로 꼽히죠." 실제로 모든 위대한 혁신가가 한때는 웃음거리였을 수도 있다. 그러나 오늘날 엉뚱하게 느껴지는 모든 생각이 미래에 정설이 되는 것은 아니다.

히틀러 카드: 특히 독일어권에서는 어떤 견해라도 그것이 히틀러의 견해와 유사하다는 것을 보여주기만 하면 반박할 수 있다는 믿음이 팽배해 있다. 히틀러가 채식주의자였기 때문에 채식주의자들은 은밀한 나치이며, 히틀러가 고속도로를 건설했기 때문에 고속도로는 악마의 작품이라는 식이다. 고전적인 예로 1986년에 헬무트 콜이 뉴스위크지와 인터뷰하면서 미하일 고르바초프에 대

해서 한 말을 들 수 있다. "현대판 공산주의 지도자죠…. 선전을 잘해요. 괴벨스(나치 정권의 선전 장관—옮긴이)도 그랬죠. 하지만 핵심을 파악해야 합니다!"

인신공격: 쟁점과 상관없이 반대자의 이력이나 성격에 관한 세부사항을 거론하여 그의 견해에 대한 신뢰를 떨어뜨리는 전략. "X씨는 과거에 속도위반으로 과태료 처분을 받은 일이 있습니다. 따라서 환경을 보호하자는 X씨의 주장은 원천적으로 신뢰가 가지 않아요." 미국 대통령 후보들은 무엇보다도 성생활을 기준으로 미리 걸러진다. 파란만장하거나 이례적인 성생활 이력이 있는 사람은 공직 후보로 나서는 것이 무의미하다.

피장파장: 논리적으로 부당한 이 수사학적 전략을 가리키는 라틴어 'tu quoque'는 '너 또한'을 뜻한다. A는 동물 보호와 채식주의를 옹호한다. 그에 맞서 B는 이렇게 반발한다. "당신도 지금 가죽 재킷을 입고 있다. 또 어제 나는 당신이 손에 소시지를 들고 있는 모습을 봤다." A의 행동은 그의 견해와 모순될 수도 있다. 어쩌면 A는 방금 전에 반대 입장을 옹호했을지도 모른다. 그러나 이런 사정 때문에 그의 논증의 질이 떨어지는 것은 아니다.

가장 약한 논증의 유형 하나는 오로지 이데올로기적 전제에만 의지하고 다른 뒷받침이 없는 논증이다.

전통 논증: 이삼십 년 전에는 새것이라면 무조건 더 나은 것으로 간주하는 태도가 (이를 '새것 옹호ad novitatem'라고 한다) 우세했다

면, 지금은 옛것이라면 무조건 좋다는 주장을 흔히 듣게 된다. 이를테면 "전통 중국 의술"이 좋다는 사람들이 많다. 광고업계는 과거의 오류 추론과 현재의 오류 추론을 결합하는 쾌거를 이뤄낸다. 예컨대 "전통 방식으로 건강하게 만든" 잼에 "신상품!"이라는 스티커를 붙인다.

자연주의 오류: "자연적"인 것은 무조건 옳다고 판단하는 오류. "일반적으로 남자는 여자보다 힘이 더 세다. 따라서 남자가 더 많은 권한을 갖는다." "자연에는 동성애가 없다. (여담이지만, 이 전제는 틀렸다.) 따라서 동성애는 비난받아야 한다." "자연적인 식품첨가물이 인공적인 식품첨가물보다 더 낫다."

나쁜 논증 방식들 중 일부는 순전히 수사학적이다. 즉, 논증의 약점을 말장난으로 가리려 한다. 목록의 완전성을 위해 그런 논증 몇 개를 언급한다.

얼버무리기: 발음은 같고 뜻은 다른 두 개념을 뒤섞어 사용하는 전략. "무고한 인간을 죽이는 것은 비도덕적이다. 태아는 무고한 인간이다. 따라서 낙태는 비도덕적이다." 설령 이 논증이 가능하다 하더라도, 대다수 사람들은 첫째 문장에 나오는 "인간"과 둘째 문장에 나오는 "인간"이 서로 다른 뜻이라고 느낀다.

질문 무시: 토크쇼에서 가장 많이 쓰이는 전략이다. 이 전략을 사용하는 출연자는 불편한 질문을 아예 무시하고 장황한 말을 늘어놓으면서 그 질문이 잊히기를 바란다.

질리게 만들기: 틀린 주장이라도 충분히 반복해서 들으면 옳은 주장으로 느끼게 된다는 믿음에 기초한 전략. 다음은 그런 주장의 예들이다. "중세 사람들은 세계가 원반 모양이라고 믿었다." "유체역학 법칙들에 따르면, 어리뒤영벌은 날 수 없다." 인터넷을 뒤지면, 많이 들었지만 증명되지 않았으며 대개 틀린 주장들을 수두룩하게 발견할 수 있다.

넘겨짚기: "아내를 때리는 짓을 마침내 그만두신 모양이죠?" 이런 식으로 무언가를 넘겨짚는 질문을 받으면 우선 질문자가 근거 없이 기정사실화하는 것이 무엇인지 꼼꼼히 따져봐야 한다. 이 질문에 "예"나 "아니요"로 대답하면 질문자가 기정사실화한 폭행을 인정하는 꼴이 된다.

마지막으로 복잡하게 꼬인 오류 추론이 하나 있다.

오류 추론-오류 추론: 오류 추론을 통해 상대방을 쓰러뜨림으로써 그의 주장을 반박하는 전략. 이 전략은 논리적으로 부당하다. 상대방이 오류 추론에 무너졌더라도, 상대방의 주장은 옳을 수 있다.

4장

논리 게임 1

: 논리 퍼즐

논리 퍼즐logic puzzle(독일에서는 로지칼Logical로 불림)은 논리 게임의 한 유형이다. 추상적으로 설명하면, 논리 퍼즐의 과제는 원소의 개수가 같은 집합들 사이의 대응 관계를 설정하는 것이다. 예컨대 남자 다섯 명의 이름이 주어진다. 그들은 제각각 다른 음료, 스포츠, 여자 친구, 애완동물을 좋아한다. 과제는 이름들 각각에 특정한 음료, 스포츠, 여자 친구, 애완동물을 배정하는 것이다. 과제 해결을 위해 간접적이거나 직접적인 단서들이 제공되며, 마지막에는 과제 해결 여부를 확인하기 위한 질문이 나온다. 이 질문은 이를테면 다음과 같다. "맥주를 좋아하는 사람의 여자 친구는 누구일까요?"

수학과 논리학의 관점에서 논리 퍼즐을 이렇게 설명할 수 있다.

원소가 n개인 집합 여러 개가 있다. 이제 주어진 조건들에 따라 그 집합들 사이의 대응mapping을 설정해야 한다. 위 예에서는 집합이 M_1부터 M_5까지 다섯 개 있다. 그것들은 남자들의 집합, 음료들의 집합, 여자들의 집합, 스포츠 종목들의 집합, 애완동물들의 집합이다. 이제 (스벤, 맥주, 축구, 클라라, 앵무새) 형태의 대응 관계 다섯 개를 설정해야 한다. 단, 이를테면 두 남자의 여자 친구가 동일할 수는 없다. 다시 말해 대응은 항상 일대일 대응이어야 한다.

이 문제는 모든 가능한 대응들을 나열해놓고 그 각각이 모든 조건들을 충족하는지 검사하면 완벽하게 풀 수 있다. 그러나 원소가 다섯 개인 집합들이 나오는 위 예에서도 남자 각각에 음료 하나를 대응시키는 방법의 수는 5 × 4 × 3 × 2 = 120개나 된다. 이 가능성들 각각에 스포츠 종목 하나를 대응시키는 방법이 120개, 거기에 추가로 여자 친구를 대응시키는 방법이 120개, 또 추가로 애완동물을 대응시키는 방법이 120개 있다. 따라서 모든 가능한 대응들의 개수는 무려

$$120 \times 120 \times 120 \times 120 = 207,360,000$$

개다. 최신 개인용 컴퓨터는 1초 내에 이 많은 대응들을 일일이 검토하여 문제를 푼다. 반면에 사람들은 그런 야만적인 계산 대신에 가능한 대응들의 개수를 차츰 줄여가는 방식으로 정답에 도달

한다.

한 예로 차수가 3인 논리 퍼즐을 풀어보자: 노이슈타트에는 축구팀이 FC, SV, 키커스, 이렇게 3개 있다. 각 팀에 전용구장이 있는데, 그것들은 중앙구장, 공원구장, 스포츠구장이다. 팀들의 유니폼 색깔은 파란색, 빨간색, 흰색이다. 마지막으로 팀들의 후원회원 수는 300, 400, 500이다.

수수께끼 풀이를 위한 단서들은 아래와 같다.

1. 파란색 유니폼을 입는 FC는 중앙구장을 전용하는 팀보다 후원회원이 적다.
2. SV는 후원회원이 400명이다.
3. 키커스의 유니폼은 빨간색이 아니다. 키커스의 후원회원과 공원구장을 전용하는 팀의 후원회원은 300명이 아니다.

수수께끼 풀이에 가장 중요한 도구는 우리가 도달한 결과들을 적어 넣는 표다. 거의 모든 단서는 한 집합에 속한 한 원소와 다른 집합에 속한 한 원소 사이의 관계를 알려준다. 이 수수께끼에 등장하는 집합은 4개이므로 4차원 표를 만드는 것이 최선이지만, 종이 위에는 2차원 표밖에 그릴 수 없으므로, 집합들을 약간 특이하게 배열하기로 하자.

	중앙	공원	스포츠	파란색	빨간색	흰색	300	400	500
FC									
SV									
키커스									
300									
400									
500									
파란색									
빨간색									
흰색									

이제 칸들을 차근차근 채워나갈 차례다. 해당 칸이 나타내는 대응이 성립하면 +기호, 성립하지 않으면 −기호를 기입하자. 작업이 완료되면, 3×3칸으로 이루어진 사각형 각각의 각 행과 열에 정확히 하나의 +기호가 있어야 한다. 그리고 위쪽 사각형 3개가 완전히 채워지면 문제 풀이가 끝난 것이다.

77쪽 위 표는 주어진 단서들에서 명시적으로 얻을 수 있는 정보를 보여준다.

더 나아가 말하자면 "행간에서" 얻을 수 있는 추가 정보도 있다. 예컨대 단서1에서 FC의 전용구장은 중앙구장이 아니라는 것, FC의 후원회원 수는 500이 아니라는 것, 중앙구장을 전용하는 팀의 후원회원 수는 300이 아니라는 것을 알 수 있다.

다음 단계는 모든 3×3 사각형 안에서 +기호가 있는 행과 열의 나머지 칸을 −기호로 채우는 것이다. 행이나 열에 이미 두 개

	중앙	공원	스포츠	파란색	빨간색	흰색	300	400	500
FC	−			+					−
SV								+	
키커스		−			−		−		
300	−	−							
400									
500									
파란색									
빨간색									
흰색									

의 −기호가 있다면, 나머지 한 칸에는 +기호가 들어갈 수밖에 없다.

이로써 팀과 유니폼 색깔과 후원회원 수 사이의 대응은 명확히 밝혀졌다. 아직 모르는 것은 팀과 전용구장 사이의 대응뿐이다.

	중앙	공원	스포츠	파란색	빨간색	흰색	300	400	500
FC	−			+	−	−	+	−	−
SV				−	+	−	−	+	−
키커스		−		−	−	+	−	−	+
300	−	−	+						
400									
500									
파란색									
빨간색									
흰색									

그 대응에 관한 정보는 표의 아래쪽 칸들에서 얻을 수 있다. 그 칸들의 정보를 위쪽 행들에 "반영할" 수 있는데, 구체적인 방법은 이러하다. 우리는 FC의 후원회원 수가 300이라는 것을 안다. 따라서 아래 칸들에 적힌 (후원회원 수가 300인 팀에 관한) 정보는 FC에 들어맞는다. 즉, FC의 전용구장은 스포츠구장이다. 이를 표에 +기호로 적고 나머지 칸들을 채우면 다음 표에서처럼 위쪽 사각형 세 개가 완전히 채워진다.

	중앙	공원	스포츠	파란색	빨간색	흰색	300	400	500
FC	−	−	+	+	−	−	+	−	−
SV	−	+	−	−	+	−	−	+	−
키커스	+	−	−	−	−	+	−	−	+
300	−	−	+						
400									
500									
파란색									
빨간색									
흰색									

아래 쪽 사각형들도 완전히 채울 수 있지만 그것은 불필요한 작업이다. 위쪽 사각형들에서 구장, 유니폼 색깔, 후원회원 수, 팀의 대응이 모두 설정되었고 그로써 수수께끼가 풀렸으니까 말이다.

조금 더 어려운 수수께끼를 풀어보고 싶은가? 당신의 의욕에

찬사를 보낸다.* 이번 수수께끼는 유명한 텔레비전 연속극 〈하우스 박사〉에 관한 것이다. 하우스 박사와 의료진은 월요일부터 금요일까지 매일 위중한 상태의 환자들을 구해낸다. 그러면서 이런 저런 개인적인 활동도 한다. 그들의 지난주 활동에 관한 정보들은 아래와 같다.

1. 화요일에 하우스는 살충제 중독 환자를 진료했다.
2. 하우스가 진드기에 물린 환자를 진료한 날, 그는 병원의 새 후원자 포클러와 다퉜다.
3. 하우스가 전 여자 친구와 다시 만난 다음날, 그는 카드뮴에 중독된 폭력배를 진료했다.
4. 하우스가 여선생을 진료한 날, 윌슨 부부가 이혼했다. 이틀 뒤, 윌슨은 종양 수술을 하는 하우스에게 큰 도움을 주었다.
5. 소녀 환자는 카메론이 체이스와 연애를 시작한 날에 진료받지 않았다.
6. 목요일에 커디와 윌슨은 함께 외식했다.
7. 수요일에 하우스는 수녀 환자를 진료했다.

대답해야 할 질문은 이것이다. 대학생은 무슨 요일에 진료를 받았을까? 선페스트 환자는 누구일까?

---

* 이어지는 수수께끼는 프랑크 베스텐펠더가 고안한 것이다. www.daf-raetsel.de 참조.

이 퍼즐에서도 일단 명시적인 정보들을 표에 기입할 수 있다. 다음의 표를 보라.

이 표는 −기호 채우기와 아래쪽 사각형들의 정보를 요일 행들에 반영하는 작업을 이미 마친 상태다. 더 나아가, 어떤 날의 다음 날은 월요일일 수 없고, 어떤 날의 이틀 뒤에 무슨 사건이 있었다면 그 어떤 날은 늦어도 수요일이어야 한다는 정보도 기입되어 있다.

이제 표를 살펴보자. 우선, 폭력배가 카드뮴 중독 치료를 받은

	살충제	진드기	카드뮴	종양	선페스트	폭력배	여선생	소녀	수녀	대학생	포클런	윌슨 이혼	전 여자 친구	카메론과 체이스	커디와 윌슨
월	−		−	−		−			−						−
화	+	−	−	−	−	−			−						−
수	−		−			−	−	−	+	−		−			−
목	−	−					−		−		−	−	−	−	+
금	−		−			−	−		−			−	−		−
포클러	−	+	−	−	−		−			
윌슨 이혼		−				−	+	−	−	−
전 여자 친구		−	−			−	−			
카메론과 체이스		−					−	−		
커디와 윌슨		−					−			
폭력배	−	−	+	−	−
여선생			−		
소녀			−		
수녀			−		
대학생			−		

날은 목요일일 수밖에 없다.

다음 단계들은 술술 풀린다. 딱 하나, 약간 까다로운 과제는 하우스가 여선생을 진료한 날이 월요일인지 화요일인지 알아내는 것인데, 이때 유용한 정보는 그날 다음다음 날에 종양 수술이 있었다는 것이다. 따라서 그날은 월요일일 수밖에 없다. 위쪽 사각형 3개를 다 채우면 드러나듯이, 대학생은 화요일에 진료를 받았고, 선페스트 환자는 여선생이다.

논리 퍼즐의 묘미는 집합들 간의 대응에 관한 명시적 정보뿐 아

	살충제	진드기	카드뮴	종양	선페스트	폭력배	여선생	소녀	수녀	대학생	포클리	윌슨 이혼	전 여자 친구	카메론과 체이스	커디와 윌슨
월	−	−	−	−	+	−	+	−	−	−	−	+	−	−	−
화	+	−	−	−	−	−	−	−	−	+	−	−	−	+	−
수	−	−	−	+	−	−	−	−	+	−	−	−	+	−	−
목	−	−	+	−	−	+	−	−	−	−	−	−	−	−	+
금	−	+	−	−	−	−	−	+	−	−	+	−	−	−	−
포클리	−	+	−	−	−		−								
윌슨 이혼		−				−	+	−	−	−					
전 여자 친구		−	−				−								
카메론과 체이스		−					−	−							
커디와 윌슨		−					−								
폭력배	−	−	+	−	−										
여선생			−												
소녀			−												
수녀			−												
대학생			−												

니라 암묵적 정보도 캐내야 한다는 것에 있다. 때때로 그 암묵적 정보는 표에 곧바로 기입할 수 없으므로 암기하거나 따로 적어둬야 한다.

자, 이제 당신은 몇몇 인터넷 사이트에서 "세상에서 가장 어려운 논리 퍼즐"이라고 소개하는 수수께끼에 도전할 준비를 갖췄다. 물론 터무니없는 소개다. 그 수수께끼를 아인슈타인이 고안하고서 인류의 2퍼센트만 풀 수 있다고 말했다는 주장도 있는데, 이것 역시 터무니없다. '얼룩말 퍼즐Zebra Puzzle'로도 불리는 그 수수께끼의 최초 버전은 1962년 12월 17일에 잡지 〈라이프Life〉지에 발표되었다. 이 논리 퍼즐에는 원소가 5개인 집합 6개가 등장한다. 내용은 다양한 국적에 다양한 음료를 마시고 다양한 담배를 피우고 다양한 동물을 키우는 남자들에 관한 것이다. 그들은 인접해 있으며 색깔이 다양한 집 다섯 채에서 산다. 퍼즐 풀이를 위한 단서들은 다음과 같다.

1. 집이 다섯 채 있다.
2. 영국 남자는 빨간색 집에 산다.
3. 스페인 남자는 개를 키운다.
4. 녹색 집에 사는 남자는 커피를 마신다.
5. 우크라이나 남자는 차를 마신다.
6. 녹색 집은 흰색 집 바로 오른쪽에 있다.
7. 올드골드 담배를 피는 남자는 달팽이를 키운다.

8. 노란색 집에 사는 남자는 쿨스 담배를 피운다.

9. 중간 집에 사는 남자는 우유를 마신다.

10. 노르웨이 남자는 첫째 집에 산다.

11. 체스터필드 담배를 피는 남자는 여우를 키우는 남자 옆집에 산다.

12. 말을 키우는 남자 옆집에 사는 남자는 쿨스 담배를 피운다.

13. 럭키스트라이크 담배를 피는 남자는 오렌지주스를 마신다.

14. 일본 남자는 팔러먼트 담배를 피운다.

15. 노르웨이 남자는 파란색 집 옆집에 산다.

질문은 다음과 같다.

누가 물을 마실까? 누가 얼룩말을 키울까?

이것이 이 장의 연습문제다.

5장

시한 폭탄

- 진리를 계산하세요!

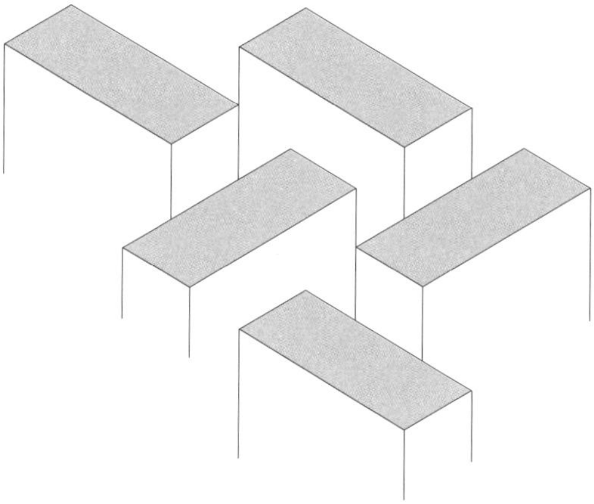

제임스 블론드의 눈을 가렸던 베일이 천천히 걷히면서 처음 드러난 광경은 어느 모로 보나 훈훈하다. 오늘 아침에 처음 만난 검은 머리의 미녀가 여전히 그의 곁에 누워 있다. 그것도 빨간 비키니만 입은 간소한 차림으로. 이름이 뭐였더라? 아, 그래, 토냐.

곧이어 두 번째로 제임스 블론드가 알아채는 것은 뒤통수의 강렬한 통증이다.

반사적으로 토냐를 향해 손을 뻗으려는 순간, 세 번째로 그는 자신의 양손이 등 뒤로 묶여 있어서 움직일 수 없음을 알아챘다. 다리도 말을 듣지 않는다. 그의 양 발목이 토냐의 발목과 함께 단단히 묶여 있다. 탄탄한 결박이 이렇게 마음에 들었던 적은 한번도 없다.

특수요원 블론드가 주위를 둘러본다. 토냐와 그는 매트리스 없는 침대 위에 누워 있다. 방은 지하실이고 인테리어는 스파르타식이다. 침대를 빼면 탁자 하나, 의자 하나가 전부다. 천장에 난 반투명 유리창으로 뿌연 빛이 들어와 주위 사물을 충분히 식별할 수 있다. 탁자 위에는 전자 장치처럼 보이는 것이 있다. 빨간색 LED 디스플레이가 장착되어 있는데, 표시되는 숫자는 남은 시간을 뜻하는 것이 틀림없다. 7:34, 7:33, 7:32 … 블론드는 불길한 예감이 든다.

그는 잠든 토냐를 팔꿈치로 찌른다. 결국 그녀가 신음을 내뱉을 때까지. 토냐는 인상을 한껏 찌푸리며 눈을 뜨지만 금세 상황을 알아챈다. "이런 젠장!" 숙녀의 입에서 거친 말이 나온다.

토냐의 목소리는 아침에 그녀가 해변의 바에서 블론드에게 접근할 때처럼 부드럽고 유혹적이지 않다.

"제임스, 내 말 똑똑히 들어!" 토냐의 말이 이어진다. "길게 설명할 시간이 없어. 당신은 나를 바 종업원으로 알았겠지만, 내 정체는 CIA 요원 토냐 터너야."

"뭐? 정말?" 뭔가 더 독창적인 대사가 블론드의 머리에 떠오르지 않는다. 다만 이 여자가 동맹국 기관 소속이어서 다행이라는 생각만 든다. 만약에 적국 소속이었다면, 뇌 속 테스토스테론 수치의 상승에 부응하다가 순직할 뻔했다.

"우리도 맥메서와 그의 마약 조직을 쫓고 있어." 토냐가 말을 잇는다. "조만간 당신에게 털어놓을 생각이었지만, 일단 당신의 순진한 매력을 조금 더 만끽해보려 했던 거야."

"순진한"이라는 표현은 블론드의 마음에 전혀 들지 않는다. 물론 "만끽한다"는 계획에는 전혀 불만이 없지만.

"오케이, 먼저 이 밧줄을 풀어야 해!" 블론드가 단호한 목소리로 말한다. 그는 남자다. 이 상황을 주도해야 마땅하다. 그런데 어떻게 주도하지? 지금 블론드는 달랑 사각팬티 바람이다. 악당들이 그의 모든 것을 빼앗았다는 사실을 그는 새삼 돌이킨다. 심지어 손목시계조차 없다.

"몸을 돌려서 내 비키니 팬티에 손을 댈 수 있어?" 토냐가 말한다. "만약에 대비해서 스위스 칼을 거기에 꿰매놨거든. 작고 납작한 칼이야. 맥메서 일당이 못 찾았을 거야. 아무리 악당들이라도 여성의 은밀한 부위에 손을 댔겠어?"

블론드의 손이 비키니 팬티의 바느질 자국에 닿을 수 있도록, 두 사람은 최선을 다해 몸을 돌린다. 다른 때 같으면 이 동작을 한껏 즐겼을 블론드조차도 지금은 능수능란한 기교가 필요할 때가 아니라는 것을 명확히 안다. 아니나 다를까, 길이가 4센티미터쯤 될 것 같은 칼이 만져진다. 악당들이 이 칼을 찾아내려면 정말 열심히 더듬어야 했겠다 싶다.

블론드는 고생 끝에 칼을 떼어내고 펼쳐서 먼저 토냐의 손목을 묶은 밧줄을 자른다. 30초가 지나자 두 사람은 자유로운 몸이다. 지하실 문이 잠겨 있다는 점만 논외로 한다면 말이다. 또한 탁자 위에 놓인 기계의 LED 디스플레이는 매정하게 계속 작동하고 있다. 5:19, 5:18, 5:17 …

두 요원이 그 기계를 자세히 들여다본다. 그것은 검은 상자 형태로, 밖에서는 디지털 디스플레이와 케이블 세 가닥만 볼 수 있다. 빨간색 케이블, 녹색 케이블, 파란색 케이블이 상자 밖으로 나왔다가 다시 안으로 들어간다.

"5분 뒤에 이 상자가 폭발할 모양이로군." 블론드가 남의 일처럼 말한다. "칼 줘봐."

그가 토냐에게서 스위스 칼을 낚아채 펼쳐서 기계에 들이댄다.

토냐가 블론드의 손목을 붙든다. "이봐, 뭐하는 거야? 설마 수명을 더 단축할 셈이야?"

"빨간색 케이블을 자를 거야." 블론드가 말한다.

"빨간색? 왜 빨간색인데?" 토냐가 당황하며 말한다.

"난 항상 빨간색 케이블을 끊어." 블론드가 어깨를 으쓱하며 말한다.

"맙소사! 우리 일처리를 조금만 더 분석적으로 해보는 게 어때?" 토냐가 블론드의 계획에 혀를 내두른다. 그리 멋지다는 스타급 영국 스파이가 이런 충동적인 행동으로 여태 살아남았다는 사실이 믿기지 않는다.

"이 장치를 다시 잘 살펴보자."

토냐가 상자의 모든 면을 꼼꼼히 관찰한다. 그러고 나서 재빨리 장치 전체를 뒤집어 놓는다. 블론드가 본능적으로 눈을 감고 손가락으로 귀를 막는다. 그러는 그를 토냐가 한심하다는 듯이 바라본다.

"그래, 이거야!" CIA 요원이 의기양양하게 외친다. 상자 밑면에 기호로 가득 찬 쪽지가 붙어 있다. 블론드에게 그 쪽지는 고대 이집트의 파피루스와 다를 바 없다. 흰 것은 종이요, 검은 것은 기호다.

반면에 토냐는 쪽지를 유심히 살펴본다. 거기에 적힌 상형문자들을 어느 정도 이해하는 모양이다.

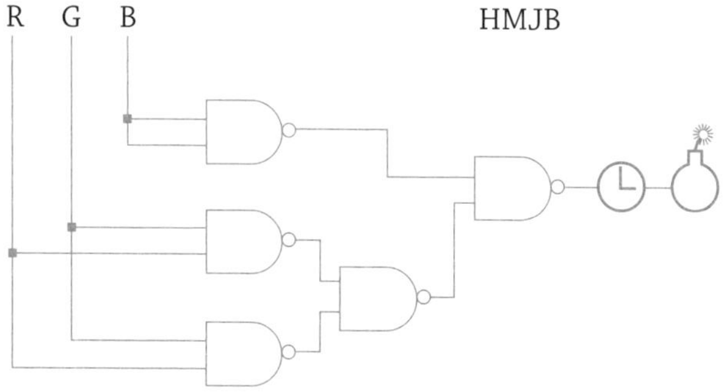

"블론드, 눈만 껌벅껌벅하고 있을 거야? MI6에선 전자공학 기초과정 안 배워?"

"전자공학은 Q가 지휘하는 부서의 소관이거든." 블론드가 퉁명스럽게 대답한다. "우린 사격, 무술, 뭐 그런 걸 배우지."

"젠장, 지금 Q가 나타나서 제임스 어린이를 수렁에서 건져낼 수는 없잖아." 토냐가 쏘아붙인다. "잘 들어. 이건 전자회로도야. 틀림없이 이 기계의 회로도겠지. 놈들이 이 회로도를 왜 놔뒀는지는 전혀 모르겠어. 맥메서 일당이 이 쪽지를 못 봤거나, 아니면 당신처럼 까막눈이었거나, 둘 중 하나겠지. 아무튼 그건 중요한 문제가 아니고, 우리는 빨리 조합들을 따져봐야 해."

3:28, 3:25, 3:26 …

"알파벳 R, G, B는 빨간색, 녹색, 파란색을 뜻하는 것이 틀림없어. 그 다음은 전자회로 게이트들인데, 이건 나중에 설명해줄게. 시계 기호의 의미도 명확해. 이건 설정된 시간이 지나면 작동하는 시한 신관이야."

"그럼 맨 오른쪽 기호는 뭐야?" 블론드가 묻는다.

"이건 말이야…" 토냐가 차가운 비웃음을 흘리며 대답한다. "표준적인 회로 기호는 아니고, 그냥 폭탄이야!"

"대신에 난 HMJB가 무슨 뜻인지 알아." 블론드가 서둘러 말한다.

"무슨 뜻인데?"—"시한폭탄 제임스 블론드Hollenmaschine James Blond"라고 말하는 블론드는 두 겹으로 자부심을 느끼는 기색이 역력하다. 자부심의 원천은 그 자신의 연상 능력과 폭탄에 붙은 그의 이름이다.

"충분히 그럴 수 있겠군." 토냐가 말한다. "그런데 그걸 알아서 뭐하니? 다시 회로를 보자. 기호들이 전부 똑같아. D를 크게 쓴 것 같은 이 기호는 '앤드 게이트AND gate'야. 그런데 이 기호와 작은 동그라미가 함께 있으면, 이른바 '난드 게이트NAND gate'가 되지."

지금 블론드의 눈빛은 더할 나위 없이 멍하다.

“난드 게이트는 입력부가 두 개, 출력부가 하나야. 입력부는 두 가지 상태를 가질 수 있어. 전류가 흐르는 상태와 흐르지 않는 상태. 각각을 1과 0으로 표현하지. 이 회로도에서 원천 입력부들인 R, G, B는 모두 전원에 연결되어 있어. 다시 말해, R, G, B의 상태는 모두 1인 거지. 우리가 케이블을 자르면, 그 입력부의 상태는 0이 되고. 지금 우리는 시계로 이어진 최종 출력부의 상태를 0으로 만드는 조합을 찾아내야 해.”

“이 게이트들이 하는 일이 정확히 뭔데?” 블론드가 묻는다.

“난드 게이트는 논리 연산자 ‘난드’와 구실이 같아.” 토냐가 대답한다.* “명제 두 개를 앤드로 연결한 결과는 두 명제가 모두 참일 때 참이야. 반면에 난드 연결은 두 명제가 모두 참일 때만 거짓이고 나머지 모든 경우에 참이지. 전자회로 기술의 맥락에서 설명하면, 난드 게이트는 입력 두 개가 모두 1일 때 0을 출력하고 나머지 모든 경우에 1을 출력한다고.”

“흐음…” 블론드가 구시렁거린다. “그럼 우리는 0을 출력하는 시스템을 만드는 방법을 역으로 계산해야 하는 거야?”

“바로 그거야.” 토냐가 대답한다. 그녀는 벌써 머릿속으로 조합들을 검토하기 시작했다.

“게이트를 논리 기호로 나타낼 수도 있어. 난드를 뜻하는 기호는 짧은 수직선이거든. 그러니까 문제는 이거야.”

---

* 37쪽 참조

필기구가 없기 때문에 토냐는 손가락으로 탁자 위에 두툼하게 쌓인 먼지를 가르며 기호들을 그린다.

"이 회로도에서 왼쪽 기호 세 개를 봐. 뭐가 어떻게 연결되니? 아 참, 선이 그냥 교차하는 곳은 연결된 게 아냐. 검은 마디점이 표시된 곳만 연결된 거야."

"어디 보자, 맨 위는 B와 B가 난드로 연결된 것이고, 그 아래에 R와 G의 연결이 두 개 있군 그래."

"맞았어!" 토냐가 말한다. 영국 요원은 노력상을 받은 초등학교 3학년생처럼 자부심에 부푼다. 토냐가 그 세 연결을 먼지 위에 그린다.

$$B|B \quad R|G \quad R|G$$

"R–G 연결 두 개의 결과들은 다시 난드로 연결돼. 그리고 그 결과가 B–B 연결의 결과와 연결되고."

토냐가 선 몇 개를 추가로 긋는다. "이제 완성!"

먼지 위에 아래 논리식이 그려졌다.

$$(B|B)|((R|G)|(R|G))$$

"엄청 복잡하네." 블론드가 투덜거린다. "괄호를 없애면 안 돼? 그러면 훨씬 더 간단해질 텐데. 덧셈 할 때는 없애도 되잖아."

“이 식에서는 안 돼. 연산자들이 전부 앤드라면 괄호를 없애도 되지만, 이렇게 난드면 안 돼. 난드 연산은 결합성이 없어.”

‘결합성’이 무엇인지 몰라 블론드 색으로 질린 블론드의 얼굴을 토냐는 무시한다. 지금은 열등생을 위해 보충수업을 할 시간이 없다.

“오히려 이렇게 난드가 수두룩하게 나올 때는 괄호가 아주 중요하지. 가장 높은 차원에서 셰퍼 스트로크로 연결된 두 식을 봐. 왼쪽 식은 B|B인데, 이건 낫-B와 같아. 오른쪽 식도 비슷해. B 대신에 R|G가 나오는 것만 다르지. 그러니까 이 식도 이렇게 고쳐 쓸 수 있어.”

토냐가 아래 행에 다음 식들을 적는다.

$$\neg B \mid \neg(R \mid G)$$

$$\neg(\neg B \wedge (R \wedge G))$$

“낫 기호가 겹쳐서 나오면 보기 싫지.” 토냐가 말을 잇는다. “그러니까 드모르간의 법칙을 적용하자고.” 곧바로 먼지 위에 다음 식이 적힌다.

$$B \vee \neg(R \wedge G)$$

토냐가 보니, 블론드는 여전히 어리벙벙할 따름이다. 마치 어머니가 아들을 격려하듯이 그녀가 그의 어깨에 손을 얹는다. 아침의 로맨스와 호텔에서의 달콤한 시간 이후, 두 사람의 역할 분담은 판이하게 달라졌다. 블론드는 모든 것을 받아들인다. 온몸을 휩싸는 따스함과 포근함이 어린 시절을 떠올리게 한다.

"내가 해석해줄게. 이 식은 'B 오어 낫 괄호 열고 R 앤드 G 괄호 닫고'라고 읽는 거야." 토냐는 말하면서 디지털 디스플레이를 바라본다. 현재 표시된 숫자는 0:59다. "폭탄이 터지지 않으려면, 이 식의 값이 0, 바꿔 말해 거짓이어야 해. 오어 명제는 언제 거짓이 되지? 오어로 연결된 두 명제가 모두 거짓일 때야. 구체적으로 B의 값도 0이어야 하고 '낫 괄호 열고 R 앤드 G 괄호 닫고'의 값도 0이어야 해. 즉, R 앤드 G의 값이 1이어야 한다고. 다시 말해 R과 G가 모두 1을 값으로 가져야 해. 이 정도는 진리표를 작성해서 8개의 가능성들 전부를 검토하는 방법으로 알아낼 수도 있었겠지만, 그러기엔 아마 시간이 부족했을 거야. 아무튼 결론. 폭탄이 터지지 않게 하는 조합은 단 하나, B의 값이 0, R과 G의 값이 1인 경우야."

디스플레이가 0:17을 표시한다.

블론드의 얼굴에 화색이 돈다. 알아들은 눈치다. "내가 해도 돼?"라고 묻고는 스위스 칼을 파란색 케이블에 댄다. 격려하는 눈빛으로 고개를 끄덕이는 토냐의 모습을 다시 한 번 확인한 후, 블론드는 그 케이블을 단칼에 벤다.

디스플레이 화면이 갑자기 0:00으로 바뀌고, 아무 일도 일어나지 않는다.

논리 게이트

앞선 장들에서 우리는 명제들 사이의 논리적 연결만 다뤘다. 그러면서 그 연결들을 변형하여 어느 정도 흥미로운 추론들을 만들어낼 수 있었다. 그때 사용된 논리 계산은 명제의 내용에 전혀 관심이 없다. 그 형식적 도구의 궁극적 관심사는 단 하나, 명제가 참이냐 혹은 거짓이냐 하는 것뿐이다. 모든 참 명제는 논리 앞에 평등하다.

이 생각에서 조금만 더 나아가면 논리에서 우리가 다루는 것은 단 두 개의 대상이고, 그것들을 다루는 방식은 일종의 계산이라는 해석이 가능하다. 논리학자 조지 불(1815~1864)은 이를 최초로 명확히 깨닫고 훗날 그의 이름을 따서 명명된 '불 대수학'을 개발했다. 불 대수학은 명제 논리와 완벽하게 동치지만 논리 연산들을 수학의 관점에서 고찰한다.

불 대수학에서 우리는 두 개의 '수' 1과 0을 다룬다. 이 수들은 명제 논리에서 나오는 진릿값에 대응한다. 이 수들에 적용할 기초 연산은 세 가지, '논리곱conjunction', '논리합disjunction', '부정negation'이다. 하지만 용어의 혼란을 피하기 위해서 우리는 이 연산들을 '앤드', '오어', '낫'으로 부르고 익숙한 기호들인 ∧, ∨, ¬

으로 표기하겠다. ∧, ∨ 대신에 곱셈기호 ×, 덧셈기호 +를 사용하는 경우도 많다. 왜냐하면 곱셈과 덧셈은 불 대수학과 밀접한 관련이 있기 때문이다.

다음은 불 대수학 연산들을 정의하는 표들이다. 이것들은 전혀 새롭지 않다. 2장에 나온 표들에서 진릿값 T와 F를 1과 0으로 바꾸고, 변수를 대문자 대신 소문자로 나타내면, 이 표들이 만들어진다.

x	$\neg x$
0	1
1	0

x	y	$x \wedge y$
0	0	0
0	1	0
1	0	0
1	1	1

x	y	$x \vee y$
0	0	0
0	1	1
1	0	1
1	1	1

불 대수학 연산들은 덧셈 및 뺄셈과 어떻게 다를까? 앤드 연산은 평범한 곱셈과 완전히 같다. 이 때문에 독일어나 영어를 사용하는 사람들은 어쩌면 약간 혼란스러울지도 모른다. '2 and 3 is 5'라는 영어 문장에서 보듯이, 일상언어에서 앤드(독일어 운트und)는 덧셈을 뜻하니까 말이다.

오어 표를 보면, 세 행이 평범한 덧셈과 같고 한 행만 다르다. 알다시피 1 더하기 1은 2다. 그러나 불 대수학에는 2라는 수가 없다. 불 대수학에서 1 오어 1은 1이다.

앤드와 오어는 서로 완벽하게 대칭이다. 참인 등식에서 1과 0을 맞바꾸고 ∧과 ∨을 맞바꾸면, 그 결과도 참이다. 아래 예를 보라.

$(0 \wedge 0) \vee 0 = 0$

$(1 \vee 1) \wedge 1 = 1$

반면에 덧셈과 곱셈은 이 속성을 지니지 않았다.

$(0+0) \times 0 = 0$

$(1 \times 1) + 1 = 2$

이 때문에 불 대수학에서는 다른 계산 규칙들이 성립한다. 예컨대 다음과 같은 두 가지 분배법칙이 성립한다.

$$x \wedge (y \vee z) = (x \wedge y) \vee (x \wedge z)$$
$$x \vee (y \wedge z) = (x \vee y) \wedge (x \vee z)$$

반면에 산술에서는 다음과 같은 분배법칙 하나만 성립한다.

$$x \times (y + z) = (x \times y) + (x \times z)$$

조지 불은 자신의 계산 규칙들이 언젠가 컴퓨터 개발의 토대가 되리라는 것을 전혀 예상하지 못했다. 하지만 그 규칙들은 논리적 연관을 기호들 사이의 관계로 환원하기(즉, 디지털로 코드화하기) 때문에 쉽게 전자회로로 변환될 수 있다. 우리는 방금 제임스 블론드 이야기에서 그런 전자회로 하나를 보았다.

전자회로에서 중요한 요소는 이른바 '게이트gate'인데, 이것은 논리에서 연산자에 해당한다. 앞선 이야기에서는 난드 게이트가 등장했다. 난드 게이트를 포함한 회로는 이해하기가 그리 쉽지는 않지만, 이 게이트 하나로 어떤 회로라도 구현할 수 있다는 장점이 있다. 그 이유는 당연하다. 논리에서 난드 연산자, 곧 $x|y$ 하나만 있으면 다른 모든 논리 연산자들을 표현할 수 있기 때문이다(37쪽 참조).

게이트가 물리적으로 어떻게 입력을 받고 출력을 산출하는지는 이 책의 관심사가 아니다. 초기 컴퓨터 기술에서 게이트는 전기기계식 계전기relay였다. 그 계전기에 들어 있는 작은 스위치는 전류가 흐르면 작동했다. 계전기 게이트는 딸각거리는 소리를 냈고 상당히 무거웠고 자주 고장났다. 오늘날 게이트는 반도체로 구현된다. 아주 작은 칩에 엄청나게 많은 게이트가 설치되는데, 원리는 과거와 다름없다.

다음은 가장 중요한 게이트들을 나타내는 기호다.

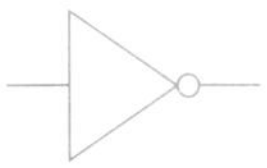

낫 게이트

앤드 게이트

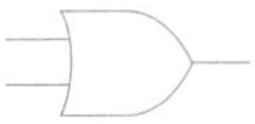

오어 게이트

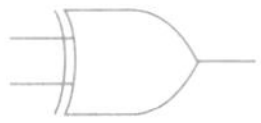

엑스오어(배제적 오어) 게이트

보다시피 앤드 게이트는 앞서 등장했던 난드 게이트와 '구슬' 하나만 다르다. 그 구슬은 낫not을 뜻하는 기호다. 어떤 연산자라도 그 구슬이 붙으면 자신의 반대가 된다.

불 대수학은 흔히 이진수 계산과 혼동된다. 그러나 논리 연산자들은 산술 규칙과 다른 규칙을 따른다. 그럼에도 컴퓨터의 용도는 무엇보다도 산술 계산이다. 그렇다면 예컨대 단순한 덧셈을 논리 게이트들로 구현하려면 어떻게 해야 할까?

우선 기분 전환 삼아서 잠깐 이진수를 살펴보자. 우리가 자연수를 셀 때 10을 기반으로 삼는 것, 즉 10, 100, 1000 등에 도달할 때 숫자 하나를 추가하는 것은 전적으로 자의적인 풍습이다. 아마도 이 풍습은 인간의 손가락이 10개인 것에서 유래했을 것이다. 우리는 어떤 수라도 숫자체계의 기반으로 삼을 수 있다. 하지만 최소한 두 개의 숫자가 있어야 숫자체계를 구성할 수 있다. 그런 최소 숫자체계는 이진법이다. 이진법에서는 자연수를 1, 10, 11, 100, 101, … 등으로 센다.

십진법으로 표기한 수(십진수)와 이진법으로 표기한 수(이진수)를 나란히 나열하면 다음과 같다.

십진수	이진수
1	1
2	10
3	11
4	100
5	101
6	110
7	111
8	1000
9	1001
10	1010
16	10000
32	100000
64	1000000
100	1100100

이진법에서 계산 방법은 십진법에서와 동일하다. 다만, 십진법에서보다 더 일찍 새로운 자리의 숫자를 추가해야 한다는 점이 다른데, 이는 가용한 숫자가 더 적기 때문이다. 따라서 수는 훨씬 더 길어지지만, 계산은 더 단순하다. 이진법의 구구단은 '1 곱하기 1은 1'이 전부다.

이제 덧셈 컴퓨터를 만들어보자. 우리는 한 자리 수 두 개를 덧셈하는 전자회로를 설계하려 한다. 이진법 덧셈표는 다음과 같다.

x	y	$x+y$
0	0	0
0	1	1
1	0	1
1	1	10

다른 행들은 문제가 없고, 마지막 행만 더 숙고할 필요가 있다. 논리 함수의 값은 0이나 1일 수만 있지, 10일 수 없다. 십진법 덧셈을 손으로 써가면서 할 때도 우리는 한 자리에 17이라고 적지 않는다. 7만 적고 1은 윗자리로 넘긴다. 이진법 덧셈에서도 마찬가지다. 우리는 결과로 0을 적고 1을 윗자리로 넘긴다. 나머지 세 행에서는 윗자리로 넘어가는 숫자가 없다. 혹은 0이 넘어간다.

바꿔 말해 마지막 행에서 출력은 숫자 두 개로, 즉 한 자리 숫자 s와 윗자리로 넘기는 숫자 b로 이루어진다. 1+1의 결과로 한 자리 숫자 0이 나오는 것은 엑스오어XOR 연산에서와 같다. 알다시피 엑스오어, 곧 배제적 오어의 결과는 x와 y가 다를 때는 1, 같을 때는 0이니까 말이다.

넘기는 숫자는 x와 y가 모두 1일 때는 1, 나머지 모든 경우에 0이다. 그런데 이것은 앤드 연산과 같다. 따라서 우리는 다음의 회로도를 그릴 수 있다.

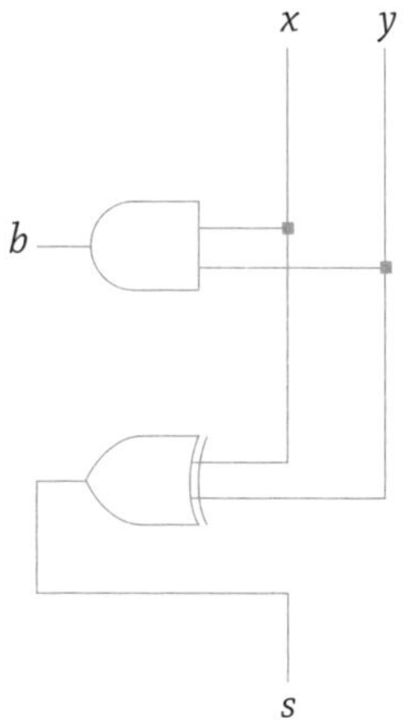

이 "컴퓨터"는 0에서 1까지의 두 수를 덧셈할 수 있다. 덧셈 결과의 최댓값은 2다. 한 걸음 더 나아가 이번에는 여러 자리로 된 수들을 덧셈할 수 있는 회로를 구성해보자. 이를 위해 우선 임의의 자리에 투입할 수 있는 '완전 덧셈기'를 제작해야 한다.

완전 덧셈기는 덧셈할 수들에서 해당 자리에 나오는 두 숫자 x와 y뿐 아니라 바로 아랫자리에서 넘어온 숫자 bi까지(bi는 0이거나 1이다) 입력으로 수용한다. 완전 덧셈기의 출력은 덧셈숫자 *s*와 윗자리로 넘기는 숫자 *bo*다. 완전 덧셈기의 덧셈표는 다음과 같다.

x	*y*	*bi*	*s*	*bo*
0	0	0	0	0
0	1	0	1	0
1	0	0	1	0
1	1	0	0	1
0	0	1	1	0
0	1	1	0	1
1	0	1	0	1
1	1	1	1	1

x, *y*, *bi*를 논리 연산자들로 어떻게 연결해야 이 표와 같은 *s*와 *bo*를 출력으로 얻을 수 있을까? 여러 방법이 있지만 여기에서는 아마도 가장 이해하기 쉬울 법한 방법 하나만 소개하겠다. 이번에도 바탕을 다른 색으로 칠한 대목이 이어진다. 논리식 계산이 버거운 독자는 건너뛰어도 좋다.

완전 덧셈기 덧셈표의 상반부와 하반부를 살펴보라. bi가 0이면, s는 한자리수 덧셈에서와 똑같다. 즉, x와 y의 엑스오어 연결에서 나오는 s와 똑같다. 엑스오어를 덧셈 기호에 동그라미를 쳐서 표기하기로 하면, 아래 등식을 얻을 수 있다.

$$s = x \oplus y$$

bi가 1이면, s는 정반대로 바뀌어 이른바 엑스노어XNOR 연산에서와 같아진다. 즉, x와 y가 같을 때는 1이 되고, 다를 때는 0이 된다. 엑스노어 연산을 ↔로 표기하면 아래 등식이 나온다.

$s = x \leftrightarrow y$ (엑스노어 연산의 기호는 온리이프 연결의 기호와 같은데, 실제로 그 연산은 온리이프 연결과 같은 구실을 한다.—옮긴이)

이제 우리는 위 등식 두 개를 교묘하게 결합하려 한다. 그 교묘한 결합을 이해하려면 간단한 불 대수학 규칙 네 개가 필요한데, 그 규칙들이 옳다는 것은 x에 0과 1을 대입하면 쉽게 확인할 수 있다. 그 규칙들은 다음과 같다.

$$x \wedge 1 = x$$

$$x \wedge 0 = 0$$

$$x \vee 1 = 1$$

$$x \vee 0 = x$$

교묘하게 결합된 등식은 다음과 같다. 얼핏 복잡하게 보일 것이다.

$$s = ((x \oplus y) \wedge \neg bi) \vee ((x \leftrightarrow y) \wedge bi)$$

bi가 0이면, 우변의 오른쪽 절반은 0이 되고, 왼쪽 절반은 한자리 수 덧셈에서 나오는 s와 같게 된다. 반대로 bi가 1이면, 우변의 왼쪽 절반이 0이 되고, 오른쪽 절반은 106쪽 덧셈표의 아래 네 행에 나오는 s와 같게 된다. 따라서 이 등식은 우리가 원하는 s를 산출한다.
윗자리로 넘기는 출력 bo를 얻는 논리식도 이와 유사하게 구성할 수 있다. 덧셈표의 상반부에서(즉, bi가 0일 때) bo는 앤드 연산의 결과와 같고, 하반부에서(bi가 1일 때)

*bo*는 오어 연산의 결과와 같다. 따라서 다음 등식을 구성할 수 있다.

$$bo = ((x \wedge y) \wedge \neg bi) \vee ((x \vee y) \wedge bi)$$

이제 총 12개의 논리 게이트를 일목요연하게 배치하기만 하면, 우리가 원하는 '완전 덧셈기'가 완성된다(다음 그림 참조).

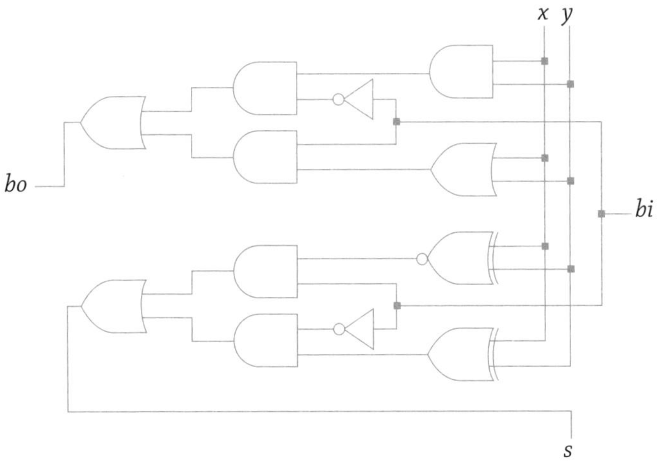

모든 회로 요소들을 상자 안에 넣고 입력과 출력만 표현하자.

상자에 A라는 기호(덧셈기adder의 약자다)를 붙이면 다음 그림을 얻을 수 있다.

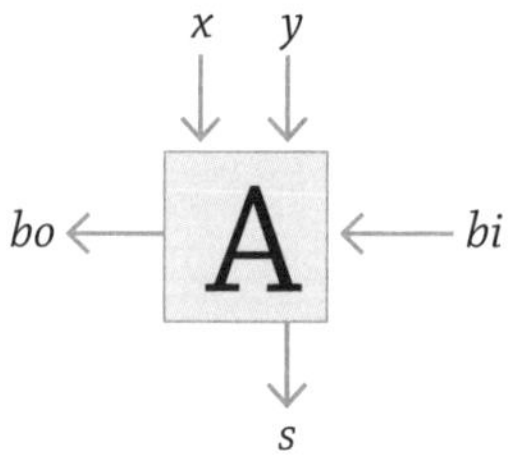

우리가 네 자리 수 두 개를 덧셈하려 한다면, 이런 덧셈기 네 개를 연결하기만 하면 된다. 다음 그림은 완성된 덧셈 기계에서 13 + 5, 이진법으로 1101 + 101이 어떻게 계산되는지 보여준다.

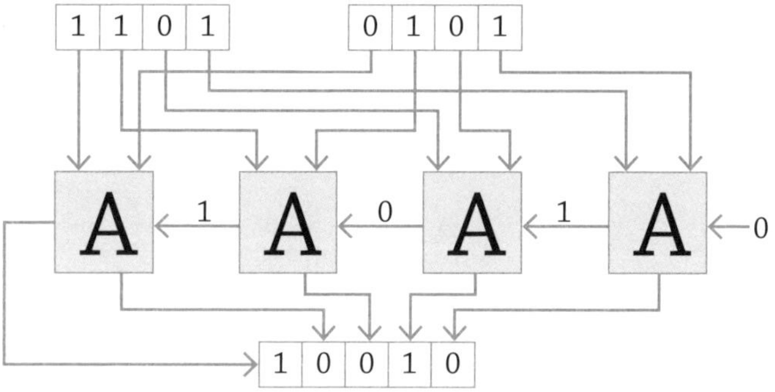

어쩌면 조금 지루했을지도 모르겠다. 하지만 우리는 0에서 15까지의 두 수를 덧셈할 수 있는 계산기를 제작하는 대단한 일을 해냈다.

이로써 우리는 컴퓨터의 중요한 기능인 계산을 단순한 논리 게이트들로 구현한 셈이다. 그런데 방금 계산한 결과를 나중에 다시 꺼내볼 수 있도록 어딘가에 저장하려면 어떻게 해야 할까? 저장기도 논리 게이트를 이용해서 구현할 수 있다. 더 정확히 말하면, 이른바 '플립플롭flip flop 회로'를 구성할 수 있다. 이 회로는 입력이 들어오지 않는 한, 특정한 상태(1이나 0)를 유지한다.

플립플롭의 핵심 원리는 되먹임(영어로 피드백feedback)이다. 되먹임이란 한 회로 요소의 출력을 다시 그 회로 요소에 입력하는 것을 뜻한다. 되먹임은 항상 위험하다. 합선이나 "모순적인" 행동을 일으킬 수 있기 때문이다. 이 문제를 곧 다룰 것이다.

플립플롭의 '상태'란 다음에 나오는 회로도 오른쪽의 출력 q를 말한다. 출력 q'은 항상 q의 논리적 반대다. 회로 속의 요소들은 둘 다 노어NOR 게이트, 곧 오어 연결의 부정이다. 노어 게이트는 두 입력이 모두 0일 때만 1을 출력하고 나머지 모든 경우에 0을 출력한다.

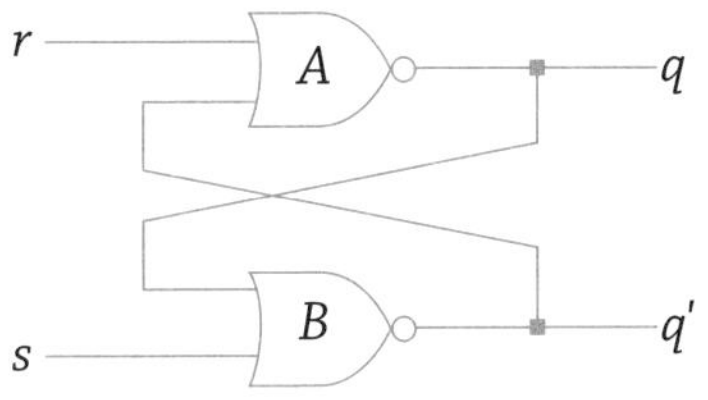

q만 0이라고 해보자. 다시 말해 q는 0이고 q'은 1이라고 가정하자. 이때 두 입력 r과 s가 0이라고(즉, 입력이 없다고) 해보자. 그러면 위쪽 게이트 A에서 두 입력은 0과 1, 출력 q는 0이다. 아래쪽 게이트 B에서 입력들은 (s에서 오는) 0과 (q에서 오는) 0, 출력 q'은 1이다. 요컨대 아무 입력이 없더라도 이 회로의 두 출력은 현재 상태를 유지한다.

그런데 s(설정set을 뜻함)에서 임펄스가 들어온다고 해보자. 즉, s에서 세기가 1인 짧은 신호가 들어온다. 그러면 다음과 같은 효과가 발생한다.

B에서: s에서 오는 입력 1, q에서 오는 입력 0

→ $q' = 0$

A에서: r에서 오는 입력 0, q'에서 오는 입력 0

→ $q = 1$

이 상태는 신호가 추가로 오지 않더라도 유지된다. 왜 그런지 따져보면 다음과 같다.

A에서: r에서 오는 입력 0, q'에서 오는 입력 0

→ $q = 1$

B에서: s에서 오는 입력 0, q에서 오는 입력 1

→ $q' = 0$

요컨대 짧은 임펄스가 q와 q'에서 나오는 출력을 영속적으로 바꿔놓는다. 추가로 s에서 임펄스가 들어오더라도, q에서 오는 입력 1 때문에 B의 출력 q'은 0으로 유지된다.

이 “저장기”의 상태를 다시 0으로 되돌리려면, r(재설정reset을 뜻함)에서 임펄스가 들어와야 한다. 그러면 아래 효과가 발생한다.

A에서: r에서 오는 입력 1, q'에서 오는 입력 0

→ $q = 0$

B에서: s에서 오는 입력 0, q에서 오는 입력 0

→ $q' = 1$

이제 이 플립플롭의 상태 q는 0이며, 이 상태는 s에서 설정 임펄스가 들어와서 q를 1로 만들지 않는 한 계속 유지된다.

박스를 읽은 독자는 어쩌면 궁금증이 생겼을지도 모른다. r과 s에서 동시에 임펄스가 들어오면 어떻게 될까? 그러면 q와 q'이 모두 0이 되어야 할 텐데, 이것은 "정의되지 않은" 상태다. q와 q'은 항상 반대여야 하니까 말이다. 요컨대 논리적으로 우리는 한 명제가 참인 동시에 거짓인 상황에 처한다. 이런 상황은 있을 수 없고 있어서도 안 된다. 그래서 전자공학에서는 항상 플립플롭 저장기에 설정 명령과 재설정 명령의 동시 입력을 막는 회로를 보충한다. 하지만 논리에서 한 명제와 그것의 반대(부정)가 동시에 참인 상황은 파국적인 결과를 가져온다. 때때로 그런 역설은 논리적 구조물 전체가 모순적으로 구성되었음을 폭로한다. 8장에서 우리는 그런 위험한 역설들을 더 자세히 다룰 것이다.

연습문제 이 이야기는 제임스 블론드 이야기와 약간 비슷하지만 덜 위험하며 회로도가 등장하지 않는다. 지하실에 전구가 하나 있다. 1층에 스위치 3개가 있는데 그 중 하나가 그 전구를 켜고 끄는 스위치다. 현재 전구는 꺼진 상태다. 이제부터 당신은 1층에서 스위치들을 마음대로 조작할 수 있다. 그리고 딱 한 번만 지하실로 내려가 전구의 상태를 볼 수 있다. 어떻게 하면 전구를 켜고 끄는 스위치를 알아낼 수 있을까?

6장

화폐 위조 사범

– 애매한 법조문

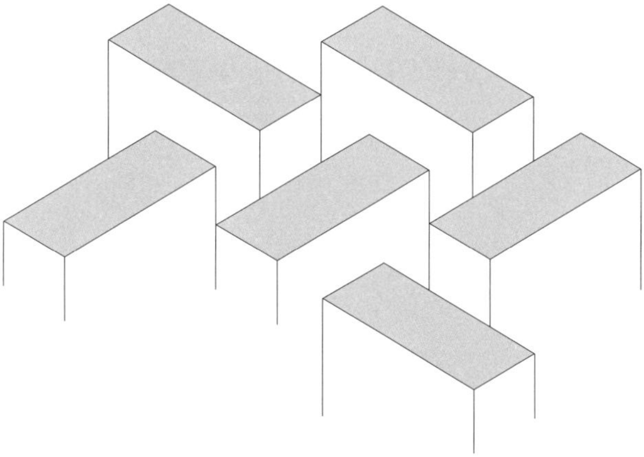

"피고인, 앞으로 나오세요!"

헤리베르트 베크만 판사는 오늘의 마지막 재판을 방금 시작했다. 금요일 오후 세 시. 베크만은 주말을 맞을 기대로 벌써 들떴다. 배석 판사들, 변호인, 검사의 표정을 보니, 그들도 비슷한 것 같다.

이 재판에서 다룰 사건은 더없이 명백한 듯하다. 법정을 제 집처럼 드나든 50세의 잔챙이 악당 피테 슈나이더는 몇 달 전 자택 지하실에서 컬러복사기로 50유로짜리 위조지폐를 제작하다가 현장에서 경찰에 검거되었다. 이미 50유로 지폐 1000장이 적당한 두께의 다발로 묶여 가지런히 놓여 있었다. 위조지폐의 품질은 북쪽 플렌스부르크Flensburg부터 남쪽 가르미슈-파르텐키르

헨Garmisch-Partenkirchen까지, 독일 어느 곳의 마트 계산원도 받지 않을 정도로 조잡했다.

검거 당시에 피테는 몹시 수다스러웠다. 직접 사용하려고 만든 위조지폐가 아니다, 오래 전부터 아는 사람이 내일 가져가서 동유럽으로 반출할 계획이었다, 그 사람은 유럽중앙은행의 수많은 위조방지장치를 깡그리 무시하고 그 저질 위조지폐를 받는 사람들이 동유럽에는 있기를 바라는 모양이다, 라고 피테는 항변했다. 하지만 질이 좋든 나쁘든 위조지폐는 위조지폐고, 위조지폐가 저질이라고 형량이 낮아지는 것은 아니다.

하지만 피테는 경찰관들에게 "아는 사람"의 이름을 대지 않았고 나중에 경찰서에서 신문을 받을 때도 마찬가지였다. 검거 당일부터 경찰이 그의 집 주위에 잠복하면서 대문에 접근하는 사람이 있으면 체포하려 했지만 며칠이 지나도록 아무도 나타나지 않았다.

그리하여 오늘 재판의 피고는 대규모 지폐 위조단이 아니라 달랑 피테 한 명이다. 증거를 볼 때 신속한 재판이 예상된다. 곧 즐거운 주말이 시작될 것이다.

"슈나이더 씨, 당신은 지폐를 위조한 혐의로 형법 146조에 따라 기소되었습니다." 베크만 판사가 심리를 시작한다. "유죄로 판결되면 징역형을 받게 됩니다. 당신의 전과를 감안할 때 본 재판부는 형량을 감경할 사유가 없다고 판단합니다."

판사가 기소 내용을 낭독하는 동안, 피테는 시선을 바닥으로 향한 채 침묵한다.

"슈나이더 씨, 여기를 보세요. 기소 내용이 사실입니까? 검거될 때 당신이 있던 곳을 작업장이라고 합시다. 당신은 자택 작업장에서, 정확히 말하면 원활하게 작동하면서 50유로짜리 위조지폐들을 출력하는 복사기 앞에서 경찰관들에게 검거된 것이 맞습니까?"

피테가 어깨를 으쓱한다.

"그런 동작은 대답이 아니에요, 슈나이더 씨!" 베크만은 약간 화가 난다. "재판이 진행되려면 당신이 입을 열어야 합니다."

"거기까지는 맞아요." 피테가 중얼거린다.

"거기까지는 맞다니요? 명확하게 대답하세요. 맞습니까, 아닙니까?"

"맞습니다." 피테가 말한다. "하지만 저는 법을 어기지 않았어요."

"법을 어기지 않았다고요?" 베크만이 놀라며 묻는다. "카드 놀이할 때 쓸 게임머니를 제작했다거나 뭐 그런 얘기를 하려는 겁니까?"

"아니요." 피테가 말한다. "제대로 된 50유로 지폐를 만든 건 맞아요." "제대로 된"이라는 대목에서 검사와 판사는 보일락 말락한 비웃음을 참지 못한다. 피테는 그 모습을 보지 못한다. 지금 그는 정말로 화가 났다. "하지만 그건 위법 행위가 아닙니다!"

판사는 어리둥절하다. 위법 행위가 아니라고? "슈나이더 씨, 당신은 나이를 충분히 먹었으니까 어릴 적에 마르크 지폐를 써봤을 거예요. 거기엔 법 규정이 명시되어 있었죠. 지폐를 모방 또는 위조하거나 모방 또는 위조된 지폐를 입수…."

"…그리고 유통시키는 사람은…" 피테가 단조로운 목소리로 법조문을 마저 낭독한다. "2년 이상의 징역에 처한다. 저도 압니다. 아직 기억한다고요. 옛날에 제 친구 몇 명은 지폐를 위조할 때 그 문장을 삭제하면 법의 심판을 피할 수 있다고 주장했죠."

방청석에서 웃음이 터져 나온다.

"하지만 저는 위조지폐를 유통시키지 않았습니다." 피테가 말을 잇는다. "그 법조문은 저에게 적용되지 않아요. 정확한 문구가 '지폐를 위조 또는 어쩌고저쩌고 *그리고* 유통시키는 사람은'이잖아요. 이건 *X* 그리고 *Y*를 하는 사람이 감옥에 간다는 뜻이에요. 저는 *X*를 했지만 *Y*를 하지 않았어요. 따라서 그 법으로 저를 처벌할 수는 없습니다."

판사가 일순 당황한다. 피테가 이렇게 지적으로 꼼꼼하게 따질 줄은 미처 몰랐다. 그는 잠시 시간이 흐른 뒤에야 정신을 차린다. "아닙니다, 아니에요." 베크만이 말한다. "그 법조문을 그렇게 해석하면 안 돼요. '지폐를 모방 또는 위조하거나'" 이 대목에서 그는 잠시 멈췄다가 말을 잇는다. "거기까지가 한 덩어리고 그 다음 '모방 또는 위조된 지폐를 입수 그리고 유통시키는'이 또 한 덩어리예요. 그러니까 *X*하거나 *Y*하는 사람은 징역에 처한다는 뜻이라고요. 당신은 *X*를 했어요. 그것만으로도 당신을 처벌할 수 있습니다."

법정이 웅성거린다. 아마도 독일인의 80퍼센트가 외워서 낭송할 수 있을 테고 마이크 크뤼거의 히트송 가사에까지 나오는 이 법조문에 애매한 구석이 있단 말인가? 이 문장을 교묘하게 해석해서 지폐 위조범이라도 직접 위조지폐를 유통시키지 않았다면 처벌할 수 없다는 뜻으로 읽을 수 있을까?

베크만은 도움을 구하는 눈빛으로 젊은 여검사 울리케 에케르트를 바라본다. 판사와 피고인의 말이 오가는 동안 그녀는 말없이 자기 자리에 앉아 있었다. 혹시 그녀가 입가에 비웃음을 띤 것일까? 지금 난처해진 판사를 검사가 빤히 바라보고 있는 것일까? "검사님." 베크만이 말한다. "이 사건을 기소하기 전에 충분히 숙고하셨나요? 확실해요?"

"물론 충분히 숙고했습니다." 베크만이 보기에 과장되게 친절한 미소를 지으며 에케르트가 대답한다. "복사기로 지폐를 위조하고도 단지 범행을 공범과 분담한다는 이유로 처벌을 면하리라고 믿는 것은 한마디로 터무니없어요."

"그래도 법조문은 법조문이죠!" 피테 슈나이더가 항의한다.

"맞아요, 동의합니다." 검사가 말한다. "그런데 방금 판사님과 피고인이 낭송한 그 문장은 법전에 전혀 안 나와요."

이제 검사가 판사를 바라보는 눈빛은 확실히 비웃음을 머금었다.

"게다가 이게 더 재미있는데…" 울리케 에케르트가 말을 잇는다. "그 문장은 과거에도 법조문이었던 적이 없어요. 두 분은 아마

1960년대에 그 문장을 암기하셨을 텐데, 1960년대 법전에도 그 문장은 안 나옵니다."

이제 내가 늙은 것까지 비웃는군, 하고 베크만은 생각한다.

"제가 1872년에 제정된 독일제국 형법부터 역대 형법 146조를 찾아봤습니다." 검사가 말한다. "그 문장은 어디에도 없더군요. 방금 두 분이 여실히 보여주었듯이, 그 문장은 애매해서 법조문으로 부적합하기 때문일 겁니다. 이제 판사님과 피고인에게 실제로 독일 형법에 나오는 문장을 읽어드리죠." 에케르트가 탁자 위에 놓인 두꺼운 법전을 집어 들고 다시 한 번 판사를 바라본다. '이걸 미리 읽어보셨어야죠'라고 말하는 듯한 눈빛이다.

"자, 읽습니다. '다음과 같은 사람은 1년 이상의 징역에 처한다. ① 모방 화폐가 진짜 화폐로 유통되는 것 혹은 그런 유통이 가능해지는 것 등을 의도하여 화폐를 모방하는 사람.' 그 다음은 조금 건너뛰고요. '② 같은 의도로 위조화폐를 입수하거나 매물로 내놓는 사람. ③ ①이나 ②에서 말한 대로 모방하거나 위조하거나 입수한 위조화폐를 진짜 화폐로 유통시키는 사람.' 이 법조문은 논리적으로 오해할 여지가 없습니다."

베크만 판사가 길게 한숨을 쉰다. 과연 안도의 한숨일까? "자세히 가르쳐줘서 고맙습니다, 검사님. 그러니까 피고인에게는 1번 항목이 적용되겠군요. 모방 화폐가 진짜 화폐로 유통되는 것을 의도하여 화폐를 모방했으니까요. 혹시 반론 있나요, 피고인?"

피테 슈나이더는 후회하는 기색이 역력하다. "그러니까 제가 사적으로 거실 벽지로 사용하려고 위조지폐를 만들었다고 진술했다면 아무 문제도 없었을 거라는 얘기인가요?"

판사의 입꼬리가 살짝 올라가며 비웃음을 내비친다. "물론 그렇게 진술했더라도 우린 믿지 않았겠지만, 최소한 당신이 우리를 고생시킬 수는 있었을 거예요. 위조지폐를 실제로 유통시킬 의도가 있었다는 것을 입증해야 당신을 처벌할 수 있다고 법조문에 나오니까요. 하지만 고맙게도 당신의 진술 덕분에 우리는 그 입증 과제를 덜 수 있었던 거죠."

베크만 판사가 경쾌한 동작으로 큰 소리가 나게 파일을 덮는다. "감사하게도 우리 모두 즐거운 주말을 맞이할 수 있겠군요. 물론 슈나이더 씨는 철창 안에서 주말을 보내야겠지만요."

논리는 어디에나 있다

일상에서 문장이 명확하고 완벽한 논리적 구조를 가질 필요가 있는 분야를 꼽으라면 법률 분야를 꼽을 수 있을 것이다. 그 분야에서 오해를 일으키거나 모순적인 문장은 심각한 문제를 일으킬 수 있다. 그래서 심지어 일종의 "논리적 법률 독일어"를 개발하려는 움직임까지 있는데, 이에 대해서는 나중에 이야기하겠다. 먼저 우리의 논리적 도구 상자를 조금 더 보완해야 한다.

베크만의 법정에서 처음에 법조문으로 오해된 문장의 구조를 논리 기호들로 어떻게 표현할 수 있을까? 그 문장은 이것이다.

"지폐를 모방 또는 위조하거나 모방 또는 위조된 지폐를 입수 그리고 유통시키는 사람은 2년 이상의 징역에 처한다." 지금까지 우리는 명제를 나타내는 기호와 명제들의 연결을 나타내는 기호만 배웠다. 그 기호들로 "지폐를 모방하는 사람"과 같은 문구를 표현할 길은 없다. 그러나 우리는 그 "법조문"을 이렇게 재구성해볼 수 있다. "누군가가 지폐를 모방 또는 위조하거나 모방 또는 위조된 화폐를 입수 그리고 유통시키면, 그는 2년 이상의 징역형을 받는다." 이 문장을 기호화하기 위해 다음 기호들을 도입하자.

A: "누군가가 지폐를 모방 또는 위조한다."
B: "누군가가 모방 또는 위조된 지폐를 입수한다."
C: "누군가가 모방 또는 위조된 지폐를 유통시킨다."
D: "누군가가 2년 이상의 징역형을 받는다."

그러면 앞의 문장을 이렇게 표기할 수 있다.

$$(A \lor B \land C) \rightarrow D$$

이것은 구문 규칙에 맞는 논리적 명제일까? 그렇지 않다. 앤드 기호만 있다면 얼마든지 많은 앤드 기호를 사용하면서 괄호를 치지 않아도 된다. 오어 기호만 있을 때도 마찬가지다. 그러나 앤드와 오어가 섞여 있을 때는 반드시 괄호를 쳐야 한다. 왜냐하면 괄호를 어떻게 치느냐에 따라서 명제의 진릿값이 달라지기 때문이다. 다음 진리표가 그것을 보여준다.

A	B	C	$(A \vee B) \wedge C$	$A \vee (B \wedge C)$
T	T	T	T	T
T	T	F	F	T
T	F	T	T	T
F	T	T	T	T
T	F	F	F	T
F	T	F	F	F
F	F	T	F	F
F	F	F	F	F

보다시피 괄호의 위치에 따라 문장이 전혀 달라진다! 피테의 처지는 바탕을 어둡게 칠한 행에 해당한다. 피테는 앞의 문장을 첫째 방식으로, 즉 $(A \vee B) \wedge C$로 해석한다. 이 해석에 따르면 그는 감옥에 가지 않아도 된다. 반면에 판사는 둘째 해석을 채택하여 피테에게 징역형을 선고한다.

우리는 일단 판사의 해석을 받아들이자. 그 해석에 따르면 단지 지폐 위조만으로도 처벌을 받는다. 요컨대 우리의 “법조문”은 다음과 같다.

$$(A \vee (B \wedge C)) \rightarrow D$$

이 논리식은 앞의 문장을 제대로 반영할까? 그렇다고 단정할 수는 없다. 특히 모방과 위조의 구분이 반영되어 있지 않기 때문이다. (여담이지만, 위 문장에서 '위조'란 지폐의 액면가를 고치는 것, 이를테면 10유로를 100유로로 바꾸는 것을 뜻한다. 물론 유로 지폐들은 액면가에 따라 크기, 색깔, 무늬가 제각각 다르므로 이런 '위조'는 무모한 짓일 것이다.) 이 문제를 보완하기 위해 새 기호들을 도입할 수 있을 것이다.

A_1: "누군가가 지폐를 모방한다."
A_2: "누군가가 지폐를 위조한다."
B_1: "누군가가 모방된 지폐를 입수한다."
B_2: "누군가가 위조된 지폐를 입수한다."
C_1: "누군가가 모방된 지폐를 유통시킨다."
C_2: "누군가가 위조된 지폐를 유통시킨다."

그러면 위 문장을 이렇게 기호화할 수 있다.

$$((A_1 \vee A_2) \vee ((B_1 \vee B_2) \wedge (C_1 \vee C_2))) \rightarrow D$$

하지만 이 식도 위 문장에 담긴 내용의 많은 부분을 누락한다. "누군가"라는 단어가 마치 채워지지 않은 빈자리처럼 느껴져서 왠지 거슬린다는 점은 제쳐두더라도, 무엇보다도 명제 논리에서는

'기초 명제', 즉 논리적 연결을 포함하지 않은 명제가 일종의 블랙박스로 등장한다는 점이 문제다. 기초 명제를 그냥 A로 나타내면, 그 명제의 내용에 대해서 아무것도 알 수 없다. 예컨대 누가 어떤 속성을 가졌다는 것인지, 혹은 무슨 행동을 한다는 것인지 전혀 모른다. 우리의 예에서 많은 명제들은 동일한 주어나 술어를 가졌다. 그러나 명제를 달랑 알파벳 하나로 표기하면 이 사실은 은폐된다.

이 때문에 명제 논리를 이른바 '술어 논리predicate logic'로 확장하는 것은 지극히 자연스럽다. 술어 논리는 블랙박스와 같은 기초 명제의 내부를 들여다보고 문장의 주어와 술어를 구분한다.

한 예로 "선한 소녀는 천국에 가고, 악한 소녀는 어디든지 간다"(우테 에어하르트의 저서 제목)라는 문장을 보자. 명제 논리에서는 이 문장을 "A 앤드 B"로 형식화할 수밖에 없다. 이때 A는 "선한 소녀는 천국에 간다", B는 "악한 소녀는 어디든지 간다"를 나타낸다.

술어 논리는 같은 문장을 훨씬 더 세부적으로 형식화할 수 있다. 그러려면 먼저 술어들을 정의해야 한다.

Mx : "x는 소녀다."

Gx : "x는 선하다."

$\neg Gx$: "x는 악하다."*

Hx : "x는 천국에 간다."

* 물론 "악하다"가 "선하다"의 부정인지에 대해서 이견이 가능하지만, 여기에서는 그렇다고 치자.

Ex : "x는 어디든지 간다."

그러면 위 문장은 아래와 같이 형식화된다.

$$((Mx \land Gx) \to Hx) \land ((Mx \land \neg Gx) \to Ex)$$

아직 식이 완성된 것은 아니다. x는 특정 개인을 가리키지 않는 변수이므로, 예컨대 식 Mx는 명제가 아니라 단지 명제 형식일 따름이다. 따라서 위의 긴 식도 아직 명제가 아니다. Mx는 x에 구체적인 개인을 대입해야 비로소 명제가 된다. 만일 m이 마리아를 가리킨다면, Mm은 "마리아는 선하다"라는 명제다.

그런데 이 예에서 우리는 마리아나 안드레아, 그밖에 어떤 구체적인 사람에 대해서가 아니라 모든 소녀에 대해서 진술하고자 한다. 이런 경우에 술어 논리는 이른바 '보편 양화사universal quantifier'를 사용한다. 보편 양화사의 기호는 거꾸로 놓인 알파벳 A처럼 생겼고 "모든 …에 대하여"라고 읽는다. 한 예를 보자.

$$\forall x (Mx \to Gx)$$

이 식은 이렇게 읽는다. "모든 x에 대하여, 만일 x가 소녀이면, x는 선하다." 이를 일상언어로 번역하면 "모든 소녀는 선하다"가 된다.

방금 전에 얻은 긴 식에 보편 양화사를 붙여보자.

$$\forall x (((Mx \land Gx) \rightarrow Hx) \land ((Mx \land \neg Gx) \rightarrow Ex))$$

이로써 명제가 만들어졌다. 그런데 "어디든지"라는 단어에도 보편성이 숨어 있다. 혹시 그 보편성도 형식화할 수 있을까? 그렇다. 한 술어에 여러 변수들이 붙을 수 있다. 예컨대 이런 술어를 정의할 수 있다.

Kxy: "x는 y에 간다."

x에 마리아(m)를 대입하고 y에 천국(h)을 대입하면, 명제 Kmh는 "마리아는 천국에 간다"가 된다. 한걸음 더 나아가 "마리아는 어디든지 간다"라는 명제는 다음과 같이 형식화할 수 있다.

$$\forall y (Kmy)$$

그러므로 우리가 예로 든 명제를 다음처럼 형식화할 수 있다.

$$\forall x (((Mx \land Gx) \rightarrow Kxh) \land ((Mx \land \neg Gx) \rightarrow \forall y (Kxy)))$$

벌써 무척 복잡한 술어 논리식이 만들어졌다! 우리는 이 식에서 심지어 "악한 소녀는 천국에 간다"라는 명제도 도출할 수 있다. 마지막 항인 Kxy가 모든 y에 대해서 성립하므로 y에 h를 대입할 수 있다. 그러면 모든 악한 소녀 x에 대해서 Kxh라는 결론이 나온다.

보편 양화사의 짝꿍으로 '존재 양화사existential quantifier'가 있다. 이 양화사의 기호는 거울에 반사시킨 E다. 보편 양화사는 모든 x가 특정한 식을 만족시킨다고 말하는 반면, 존재 양화사는 특정한 식을 만족시키는 x가 (적어도 하나) 있다고 말한다. 한 예를 보자.

$$\exists x\,(Mx \wedge Gx)$$

이 식을 이렇게 읽는다. "소녀이고 선한 x가 적어도 하나 있다." 일상언어로 표현하면 "선한 소녀가 있다"는 말이다.

보편 양화사와 존재 양화사는 서로 흥미로운 관계를 맺는다. 임의의 술어 Px에 대해서 다음과 같은 4개의 동치 관계가 성립한다.

$$\forall x\,(Px) \equiv \neg \exists x(\neg Px)$$

("모든 소녀는 선하다"는 "악한 소녀는 없다"와 똑같다.)

$$\neg \forall x\,(Px) \equiv \exists x(\neg Px)$$

("모든 소녀가 선한 것은 아니다"는 "악한 소녀가 있다"와 똑

같다.)

$\exists x(Px) \equiv \neg \forall x(\neg Px)$

("선한 소녀가 있다"는 "모든 소녀가 악한 것은 아니다"와 똑같다.)

$\neg \exists x(Px) \equiv \forall x(\neg Px)$

("선한 소녀는 없다"는 "모든 소녀는 악하다"와 똑같다.)

이 네 개의 규칙을 '양화사 부정Negation of Quantifiers, QN'이라고도 한다.

이제 우리는 지폐 위조에 관한 문장을 최종적으로 형식화할 수 있다. 먼저 술어들을 정의하자.

Mx : "x는 사람이다."

Ny : "y는 모방된 지폐다."

Vy : "y는 위조된 지폐다."

Pxy : "x는 y를 생산한다."

Bxy : "x는 y를 입수한다."

Uxy : "x는 y를 유통시킨다."

Gx : "x는 2년 이상의 징역형을 받는다."

천천히 심호흡을 하고 나서 다음 식을 보라. 우리가 예로 든 지폐 위조에 관한 문장을 형식화한 결과다.

$$\forall x \forall y(((Mx \wedge (Ny \vee Vy)) \wedge (Pxy \vee (Bxy \wedge Uxy))) \rightarrow Gx)$$

말로 풀면 이러하다. "모든 x와 y에 대해서, x가 사람이고 y가 모방되거나 위조된 지폐라면, x가 y를 생산하는 경우, 또는 x가 y를 입수하고 유통시키는 경우, x는 2년 이상의 징역형을 받는다."

"x는 사람이다"라는 단서가 붙는 것이 이상하다고 느끼는 독자도 어쩌면 있을 것이다. 지폐 위조는 당연히 사람이 하지 뭐 개가 하겠느냐고 반문하면서 말이다. 그러나 어떤 경우든지 변수 x와 y가 취할 수 있는 값의 범위를 정확히 지정하는 것이 중요하다. 그렇게 하지 않으면 "모든 x에 대해서"는 정말로 "세상 만물에 대해서"를 뜻할 테니까 말이다.

실제로 법조문을 이렇게 꼼꼼하게 제정해야 할까? 당연한 말이지만 독일 형법전이 방금 우리가 제시한 것과 같은 논리식들로 가득 찬 문헌이 되는 일은 영원히 없을 것이다. 그런 문헌은 아무도 독해할 수 없다. 특히 법률가에게는 고대 이집트 파피루스와 다름없다. 그러나 법조문들은 최소한 형식언어로의 번역이 가능할 만큼 논리적으로 일관되어야 한다. 그렇지 않으면 불명확성이나 모순이 발생한다. 이미 오래전에 법률 문헌을 이해하는 컴퓨터 시스템들이 등장했다. 그것들은 제한적으로나마 법률 문헌에서 귀결을 도출하고 법률 논증을 검증할 수 있다. 취리히 대학교의 과학자 슈테판 회플러와 알렉산드라 뷘츨리는 '통제된 법률 독일어 Controlled Legal German, CLG'라는 인공언어를 고안했다. 그 인공언어는 한편으로 법률가뿐 아니라 일반인도 이해할 수 있으면서 다른 한편으로 일상언어와 달리 애매성이 없다고 한다. CLG는 독일어의 부분집합이라고 할 수 있다. CLG에서 문장 구조는 단순화되고 표준화되며 일상언어에서보다 단어 개수가 적고 모든 개념이 더 예리하게 정의된다. CLG로 작성된 법조문은 술어 논리식으로 명확하게 표현할 수 있다. 물론 이때 쓰이는 술어 논리는 "허용된다", "요구된다", "금지된다" 등을 뜻하는 기호들을 추가로 포함한다.

때때로 우리는 문장의 애매성을 알아채지 못한다. 한 예로 스위스 연방법에 나오는 한 문장을 보자. "판결의 공개는 원칙적으로 익명으로 이루어져야 한다." 이 문장에서 "원칙적으로"는 상반된 두 의미를 가질 수 있다. 즉, "엄격하게, 무조건, 항상"을 뜻할 수도 있고, "통상적으로 그렇지만 예외가 가능한"을 뜻할 수도 있다. 혹시 당신은 첫째 의미로 독해했는가? 아마 아닐 것이다. 대다수 사람들의 어감에 맞게 인공언어 CLG에는 '원칙적으로'라는 단어는 예외가 가능함을 뜻한다는 엄격한 규칙이 있다.

또 하나의 예로 인칭대명사들을 들 수 있다. "각 주들은 전문대학들을 설치할 수 있다. 그들은 독립적으로 운영된다." 이 법조문에서 "그들"은 전문대학들을 가리킨다는 것을 모르는 사람은 없다. 그러나 형식적으로 명확한 언어는 어떤 해석의 여지도 남기지 말아야 한다. 그래서 CLG에는 '인칭대명사는 오직 앞 문장의 주어만 가리킬 수 있다'라는 규칙이 있다. 이 규칙에 따르면, 위 법조문에서 "그들"은 주들을 뜻한다. 이것이 취지에 어긋난다면, '전문대학들'을 다시 써서 법조문의 후반부를 이렇게 작성해야 한다. "전문대학들은 독립적으로 운영된다."

술어 논리는 당연히 명제 논리 전체를 포함한다. 명제 논리의 모든 추론 규칙들도 술어 논리에서 타당하다. 하지만 술어 논리에는 양화사 두 개가 있기 때문에 추가로 몇 가지 새로운 규칙이 필요하다.

고대로부터 전해온 가장 유명한 "삼단 논법"의 예를 살펴보자.

모든 사람은 죽는다.

소크라테스는 사람이다.

따라서 소크라테스는 죽는다.

이 추론을 술어 논리로 기호화하면 다음과 같다.

$$\forall x\,(Mx \rightarrow Sx),\ Ms \vdash Ss$$

굳이 설명하면, Mx는 "x는 사람이다", Sx는 "x는 죽는다", s는 소크라테스를 가리킨다. 이 추론을 증명하려면 어떻게 해야 할까?

그 증명을 위해서는 새로운 추론 규칙인 '보편 대입universal substitution, US'이 필요하다. 보편 대입 규칙이란, 모든 x에 대해서 타당한 문장은 어떤 구체적인 x의 값에 대해서도 항상 타당하다는 것이다. 보편 양화사의 의미를 생각하면 허탈할 정도로 자명한 규칙이지만, 우리 논의에서 중요한 것은 형식적인 기호 변환 규칙이므로 보편 대입을 따로 거론할 필요가 있다. US를 이용하여 소크라테스-삼단 논법을 증명하면 아래와 같다.

1. $\forall x\,(Mx \rightarrow Sx)$
2. Ms
3. $Ms \rightarrow Ss$ (1 US)
4. Ss (2, 3 MP)

보다시피, 변수 x에 소크라테스를 대입하면 일반적인 사정이 한 사례로 바뀐다. 그리고 그 사례는 우리가 익히 아는 긍정 논법(MP)으로 처리할 수 있다

추가로 좀 더 복잡한 예를 살펴보자.

젖먹이는 비논리적이다.
우리는 악어를 마음대로 다룰 수 있는 사람을 업신여기지 않는다.
우리는 비논리적인 사람을 업신여긴다.

따라서 젖먹이는 악어를 마음대로 다룰 수 없다.

우선 술어 Sx("x는 젖먹이다"), Ux("x는 비논리적이다"), Kx("x는 악어를 마음대로 다룬다"), Vx("우리는 x를 업신여긴다")를 정의하자. 그러면 위 추론을 아래처럼 형식화할 수 있다.

$$\forall x(Sx \to Ux),\ \neg\exists x(Kx \wedge Vx),\ \forall x(Ux \to Vx)$$
$$\vdash \forall x(Sx \to \neg Kx)$$

증명은 약간 까다로워서 바탕을 다른 색으로 칠한 박스 안에 넣었다.

먼저 전제들은 아래와 같다.

1. $\forall x(Sx \to Ux)$
2. $\neg\exists x(Kx \wedge Vx)$
3. $\forall x(Ux \to Vx)$

첫 단계로 2행의 부정된 존재 양화사에 양화사 부정 규칙(QN)을 적용하자. "우리는 악어를 마음대로 다룰 수 있는 사람을 업신여기지 않는다"는 "모든 사람에 대해서, 그가 악어를 마음대로 다룰 수 있고 또한 우리에게 업신여김을 받는 일은 없다"와 똑같다.

4. $\forall x \neg (Kx \wedge Vx)$ (2 QN)

이로써 우리는 보편 양화사가 붙은 문장들만 다루게 되었다. 그 문장들의 괄호 속 표현에 명제 논리 규칙들을 적용할 수 있다. 먼저 드모르간의 법칙(DM)을 적용하자(58쪽 참조).

5. $\forall x (\neg Kx \vee \neg Vx)$ (4 DM)

여기에 함축 규칙(Impl)을 적용하면 아래와 같다(58쪽 참조).

6. $\forall x (Vx \rightarrow \neg Kx)$ (5 Impl)

이제 우리 앞에는 함축들(1, 3, 6)이 있다. 그것들을 가언 삼단 논법(HS)으로 연결할 수 있다.

7. $\forall x(Sx \rightarrow Vx)$ (1, 3 HS)

8. $\forall x(Sx \rightarrow \neg Kx)$ (7, 6 HS)

이로써 증명이 완료되었다. 한 가지 눈에 띄는 것은 7번 문장이다. 그 문장은 우리가 모든 젖먹이를 업신여긴다고 말한다. 자식을 키우는 아버지로서 나는 그 문장에 격하게 반발한다.

술어 논리에서 증명은 명제 논리에서보다 약간 더 까다롭다. 특히 양화사를 다룰 때 실수가 자주 생겨 아래와 같은 유형의 그릇된 "증명"이 만들어진다.

모든 사람은 죽는다

소크라테스는 죽는다

따라서 소크라테스는 사람이다.

또한 술어 논리에서는 완전한 진리표를 작성하는 방식의 의미론적 증명에 의지할 수 없다. 양화사를 포함한 명제들에 대해서는 그런 증명 방식이 통하지 않는다. 왜냐하면 보편 양화사가 붙은 명제는 경우에 따라서 무한히 많은 명제들을 대신하기 때문이다. 사정이 이렇기 때문에 '술어 논리는 완전할까?', 즉 '술어 논리에서 모든 참 문장 각각은 형식적으로 증명 가능할까?'라는 질문은 사소하지 않다. 실제로 술어 논리는 완전하지만, 이 사실은 쿠르트 괴델에 의해 1929년에야 증명되었다. 그러자 수학자들은 수학 전체도 그렇게 완전하기를 바랐다. 그러나 수학을 술어 논리만으로 형식화할 수는 없다. 수학을 형식화하려면 집합과 수를 비롯한 수학의 기본 개념들과 덧셈과 곱셈을 비롯한 연산들을 몇 개 추가로 도입해야 한다. 그런데 그렇게 하면 시스템이 훨씬 더 복잡해진다. 쿠르트 괴델은 술어 논리의 완전성을 증명하고 2년 뒤에 수학이 언젠가 완전해지리라는 희망을 완전히 무너뜨렸다. 그는 수학 안에 증명할 수 없는 참 문장이 항상 있을 것임을 증명했다. 이 내용은 10장에서 자세히 다룰 것이다.

연습문제: 다음 명제들이 참이라고 하자.

1. 자신이 무기를 잘 갖췄는지 의심하는 상어는 없다.
2. 왈츠를 출 수 없는 물고기는 가련하다.
3. 최소한 세 겹으로 배열된 이빨을 가지지 못했으면서 자신이 무기를 잘 갖췄다고 확신하는 물고기는 없다.
4. 상어만 빼고 모든 물고기는 아이들에게 우호적이다.
5. 무거운 물고기는 왈츠를 출 수 없다.

6. 최소한 세 겹으로 배열된 이빨을 가진 물고기는 가련하지 않다.

위 명제들을 전제하면 다음 명제가 참임을 증명하라.
"모든 무거운 물고기는 아이들에게 우호적이다."

7장

논리 게임 2

: 거짓말쟁이들이 사는 섬

이국적인 섬 멘다치노Mendacino에 오신 당신을 환영한다. 이 섬의 특별한 점은 두 부류의 사람들이 산다는 것이다. 한 유형은 늘 참말을 하고, 다른 유형은 한결같이 거짓말을 한다. 전자를 '참말쟁이', 후자를 '거짓말쟁이'라고 부르자. 당신은 섬 거주자를 한 명 이상 만나 대화하면서, 그가 어떤 유형인지 알아내거나 이를 모르는 상태에서 어떤 특정한 정보를 얻어내야 한다.

한결같이 거짓말을 하는 것이 유용한지에 대한 현실적인 의문은 제쳐두기로 하자. 한결같이 참말을 하는 행태의 유용성은 더욱 의심스러운데, 이 문제도 제쳐두자. 실제로 섬사람들이 일관되게 거짓말을 하거나 참말을 한다면, 누구든지 용한 점쟁이에 못지않게 진실을 간파할 것이다. 대화의 첫머리에 상대방에게 '삼각형은

각이 세 개입니까?'라고 묻고 대답을 들어보면 그가 어떤 유형인지 단박에 알 테고, 그 다음에는 그의 모든 대답에서 참된 정보를 얻어낼 수 있을 테니까 말이다. 요컨대 아무도 비밀을 간직할 수 없을 것이고, 섬사람들 사이의 인간관계는 아마도 신속하게 와해될 것이다.

아무튼 이 논리 게임의 핵심은 외견상 불완전한 단서들에서 논리적 결론을 끌어내는 것이다. 이 장에서 나는 그런 추론 문제의 대부분을 해결할 수 있는 방법을 보여주려 한다. 그 방법은 너무 많은 섬 거주자가 연루된 경우(과제 7, 8)나 문제가 열려 있는 경우, 즉 적당한 질문을 당신이 스스로 발견해야 하는 경우에는 통하지 않는다.

다음에 나오는, 모든 거짓말쟁이 수수께끼를 통틀어 가장 유명한 수수께끼가 바로 그런 열린 문제다(이하 1번 문제부터 8번 문제까지가 이 장의 연습문제다—옮긴이).

1. 당신은 멘다치노에 도착하여 중심 마을을 찾아가려 한다. 길을 걷다가 갈림길에 이르렀는데, 안내판이 없다. 그런데 현지인 하나가 길가에서 햇볕을 쬐며 졸고 있다. 그가 어떤 유형의 섬사람인지 당신은 당연히 모른다. 당신은 그에게 질문을 하나만 던질 수 있으며 그 대답을 듣고 옳은 길을 알아내야 한다. 어떤 질문을 던져야 할까?

이 수수께끼의 해답을 본 적 없는 독자는 여기에서 독서를 멈추고 곰곰이 생각해보라. 참고로 이 책의 부록에 모든 문제의 해답이 나온다!

어쨌든 지금은 먼저 공식을 이용해서 풀 수 있는 유형의 문제들을 살펴보자. 당신이 섬사람 두 명, 아르니와 벨라를 만났다고 해보자. "당신들 중에서 누가 참말쟁이고, 누가 거짓말쟁인가요?"라고 당신이 묻는다. 아르니가 대답한다. "내가 거짓말쟁이거나 또는 벨라가 참말쟁이예요." 아르니는 어떤 유형이고, 벨라는 어떤 유형일까?

수수께끼를 풀기 위해 먼저 기호를 몇 개 도입하자. Wx는 "x는 참말쟁이다"를 나타낸다. 거짓말쟁이를 나타내는 기호는 따로 도입할 필요가 없다. 거짓말쟁이는 참말쟁이의 부정이므로, 거짓말쟁이에 대해서는 $\neg Wx$가 참이다. 섬사람 a가 말하기를 'b는 거짓말쟁이다'라고 한다면, 우리는 이 진술을 '$a:\neg Wb$'로 적을 것이다.

내가 섬사람 두 명을 만난다면, 그들의 유형이 이룰 수 있는 조합은 명제 두 개의 진릿값 조합과 마찬가지로 4개다. 일반적으로 섬사람 n명에 대해서 가능한 조합은 2^n개다.

먼저 그 가능한 유형 조합 4개 중에 어느 것이 아르니의 진술을 참으로 만드는지 살펴보자. "…이거나 또는"은 논리적 오어, 곧 배제적이지 않은 오어로 해석하기로 하자.

Wa	Wb	$\neg Wa \vee Wb$
T	T	T
T	F	F
F	T	T
F	F	T

여기까지는 지극히 평범한 진리표다. 하지만 이제 우리는 한걸음 더 나아가야 한다. 예컨대 위 진리표의 둘째 행을 보라. 거기에서 아르니의 진술은 거짓이다. 즉, 아르니는 거짓말을 한다. 그런데 그 행에서 아르니는 참말쟁이고 벨라는 거짓말쟁이다. 이런 상황은 있을 수 없다. 왜냐하면 참말쟁이는 거짓말을 할 수 없기 때문이다. 이런 상황을 '비일관적'이라고 칭하자. 나머지 행들까지 모든 행의 일관성을 조사해보면, 총 4개의 행 가운데 3개의 행이 비일관적이라는 결과가 나온다.

Wa	Wb	$\neg Wa \vee Wb$	일관적인가?
T	T	T	+
T	F	F	−
F	T	T	−
F	F	T	−

이 결과는 다음을 의미한다. 비일관적인 상황 3개는 발생할 수

없으므로, 가능한 조합은 하나뿐이다. 즉, 아르니와 벨라는 둘 다 참말쟁이다.

이제부터 당신 스스로 수수께끼들을 풀어보라. 이 수수께끼들은 완전한 진리표를 작성하는 방법으로 풀 수 있다. 해답은 책의 막바지에 나온다!

2. 당신은 섬사람 찰리를 만나 이렇게 묻는다. "당신은 어떤 유형인가요?" "내가 참말쟁이라면, 나는 빗자루를 씹어먹지요"라고 찰리가 대답한다. 찰리는 빗자루를 씹어먹을까?

3. 당신은 섬사람들인 데니스와 엘렌을 만난다. 그들은 벤치에 앉아 잡담하는 중이다. (섬사람들은 유형과 상관없이 사이좋게 지낸다. 시험 삼아 한 번만 질문해보면 각자의 유형이 드러나므로, 유형을 숨기다가 문제가 생기는 경우도 없다.) "안녕하세요. 당신들은 어떤 유형인가요?"라고 당신이 묻는다. 데니스가 대답한다. "엘렌이 참말쟁이라면, 나는 거짓말쟁이예요." 데니스는 어떤 유형이고, 엘렌은 어떤 유형일까?

4. 당신은 섬사람 세 명, 프리츠, 기나, 하이케를 만난다. 당신들은 어떤 유형이냐는 질문에 프리츠는 환히 웃으며 대답한다. "우리는 다 거짓말쟁이예요!" 나머지도 따라 웃는다. 당신이 난감한 표정을 짓자, 기나가 말한다. "아니에요. 솔직히 말하면, 우리

NO!
Did You

중에 딱 한 명만 참말쟁이예요." 그러자 나머지 세 명이 모두 웃음을 터뜨리며 무릎을 친다.

5. 당신은 또 다른 세 명, 잉고, 제니, 쿠르트를 만난다. 당신은 그들 각각과 일대일로 면담하는데, 첫 상대는 잉고다. "당신은 참말쟁인가요, 거짓말쟁인가요?" 그런데 잉고는 언어장애가 있다. 불분명하게 웅얼거리는데 알아들을 수 없다. 그래서 당신은 제니에게 "잉고가 뭐라고 했어요?"라고 묻는다. "잉고가 자기는 거짓말쟁이래요"라고 제니가 대답한다. 갑자기 쿠르트가 끼어들어 "제니 말은 한마디도 믿지 마세요"라고 하더니 "제니는 거짓말쟁이예요"라고 덧붙인다. "그럼 잉고는 어떤 유형이죠?"라는 당신의 질문에 쿠르트가 대답한다. "잉고는 참말쟁이예요." 잉고, 제니, 쿠르트는 어떤 유형일까?

6. 당신은 어느 술집에서 여성 세 명, 롤라, 미미, 니나를 만난다. 그들은 친절하게 고개 숙여 인사한다. "여러분은 어떤 유형인가요?"라고 당신이 묻는다. 음흉하다고 느낄 수도 있는 질문이지만, 다행히 세 명 모두 개의치 않는다. "미미와 니나는 같은 유형이에요"라고 롤라가 말한다. 당신은 잠시 고민하다가 니나에게 묻는다. "그럼 롤라와 미미는 같은 유형인가요?" 니나는 어떻게 대답할까?

나머지 수수께끼 두 개는 완전한 진리표를 작성하는 방법으로 풀 수 없다. 그 방법을 쓰려면 행이 2^{100}개인 진리표를 작성해야 할 것이다.

7. 멘다치노 섬의 거주자는 정확히 100명이다. 당신은 그 섬에서 처음 만난 사람에게 묻는다. "이 섬에 사는 거짓말쟁이는 몇 명인가요?" 그 사람은 "한 명이요"라고 대답한다. 당신은 다시 걷다가 둘째 섬사람과 만난다. 똑같은 질문을 던지자 그 사람은 "두 명이요"라고 대답한다. 이런 식으로 질문과 대답이 계속된다. 결국 마지막 섬사람은 "100명이요"라고 대답한다. 실제로 멘다치노 섬에 사는 거짓말쟁이는 몇 명일까?

8. 위 수수께끼와 똑같은 상황인데, 첫 대답은 "한 명 이상이요"다. 둘째 대답은 "두 명 이상이요"다. 이런 식으로 대답이 계속되어 마지막 대답 "100명 이상이요"에 이른다. 이 경우에 멘다치노 섬에 사는 거짓말쟁이는 몇 명일까?

8장

카탈로그 카탈로그

– 지나친 질서

문학! 카프카! 헤밍웨이! 하루 종일 책들에 파묻혀 살고 싶어! 이런 소망을 품고 레나 호른은 도서관 사서, 혹은 최신 표현으로 하면 '매체 정보 전문가'가 되기 위한 공부를 시작했다. 실제로 그녀는 처음 얻은 정규직 일자리에서 하루 종일 책들에 둘러싸여 일한다. 그러나 그 책들을 들여다볼 틈도 없다. 그녀의 책상 위에 놓인 인쇄물들은 겉보기에 책 같지만 실은 카탈로그다. 온라인 쇼핑몰의 상품 카탈로그는 당연히 아니고 도서관 카탈로그, 다시 말해 도서 목록이다.

물론 모든 것이 전산화된 지 오래다. 인터넷에서도 도서 목록을 검색할 수 있다. 심지어 뉴욕 공공 도서관 장서를 키워드로 검색하는 것도 가능하다. 사실 레나는 수많은 도서관의 장서를 인터넷으로 연결하여 활용하는 방법을 집중적으로 공부했다. 그러나 레나 호른의 상사 프레드 콜만은 구세대의 도서관 사서다. 그는 카탈로그를 사랑한다. 책 형태의 카탈로그, 카드 형태의 카탈로그, 키워드 카탈로그, 마이크로필름 카탈로그를 사랑한다. 그것들은 불편할뿐더러 지금은 아무도 사용하지 않는다고 레나가 항의하면, 콜만은 독서용 안경 위로 치켜뜬 눈으로 이렇게 대답하곤 한다. "알아요. 하지만 언젠가 인터넷이 없어지면, 이 훌륭한 구식 카탈로그가 아주 요긴하게 활용될 거예요."

콜만의 카탈로그 사랑은 최근 들어 한층 더 깊어졌다. 이제 그는 공식 명칭이 '노이엔부르크 시립 도서관 카탈로그 및 도서목록 일람'이지만 직원들은 쉬쉬하며 '카탈로그 카탈로그'라고 부르는 것을 만들고 싶다. 중앙도서관에서는 레나 호른이 울며 겨자 먹기로 이 막중한 임무를 떠맡았고, 시립도서관 분소와 학교도서관 13곳 각각에서는 전담 직원이 카탈로그들을 정리했다.

콜만이 모든 도서관에 카탈로그 카탈로그를 제출하라고 지시한 기한은 지난주에 만료되었다. 하지만 닷새가 지난 지금에야 마지막 게으름뱅이들이 과제물을 제출했다. 레나의 책상 위에는 명품 라이츠Leitz 파일 13권이 쌓여 있다. 도서관 분소 각각이 소장한 카탈로그들과 전산 자료 목록들을 정리하여 제출하니 만만치 않은 분량이 된 것이다. 레나는 지난 며칠 동안 그것들을 검토하면서 중복된 내용을 쳐냈다. 이제 할 일은 모든 카탈로그 카탈로그를 종합하여 슈퍼 카탈로그 카탈로그를 만드는 것이다. 거기에는 노이엔부르크시가 운영하는 모든 도서관이 소장한 카탈로그들뿐 아니라 그곳들이 제출한 카탈로그 카탈로그들도 등재될 것이다. 그러고 나서 그 카탈로그 카탈로그들을 해당 도서관으로 돌려보내 그곳에 비치해야 한다는 것이 콜만의 완고한 주장이다. 그래야 그 도서관의 카탈로그들에 관한 정보를 원하는 이용자가 편리하게 그 정보를 얻을 수 있다는 것이다. 이런 완고함이 없다면 콜만은 콜만이 아닐 것이다.

그런데 레나는 콜만의 주장에서 어떤 불합리성을 발견했다. 대다수의 도서관 지소들은 기존 카탈로그들의 목록을 작성하여 중앙도서관으로 보내는 일만 했다. 그러나 지소 세 곳은(레나는 그곳의 책임자들을 은밀히 '출세주의자'라고 부른다) 중앙도서관으로 보내는 카탈로그 카탈로그에 그 카탈로그 카탈로그 자신까지 등재했다. 그런 카탈로그 카탈로그들을 어떻게 처리해야 할까? 일을 그르치지 않으려면 먼저 상사와 상의하는 것이 좋겠다고 레나는 판단한다.

콜만은 기대감에 부푼 미소로 레나를 맞이한다. "어서 오세요, 호른 씨. 카탈로그 작업은 어떻게 되고 있나요? 목록들이 기한 내에 다 도착했습니까?"

"예, 거기까지는 아무 문제없습니다." 레나가 말한다. "그런데 제가 어떻게 해야 할지 모르는 게 하나 있어요." 그녀는 지소들이 보낸 카탈로그에 그 카탈로그 자신을 등재해야 하는지가 문제라고 설명한다.

"음, 사서 겸 카탈로그 전문가인 제가 볼 때…" 안경 위로 치켜뜬 눈으로 콜만이 말한다. 레나가 익히 아는 그 시선으로 콜만은 자신의 능력을 강조하려는 모양이다. "답은 명확하군요. 그 카탈로그 카탈로그들 각각은 나중에 해당 도서관에 비치될 겁니다. 따라서 그것들 각각에 그 자신도 당연히 등재되어야죠."

"예, 그렇긴 하지만…" 레나가 말문을 연다.

"하지만이라니요! 순수하게 논리에 입각해서 하는 말입니다. 그 카탈로그 카탈로그들도 등재되어야 해요." 콜만이 레나의 이의 제기를 묵살한다. "불완전한 카탈로그는 카탈로그가 아닙니다! 일이 어떻게 진행되는지를 내가 상세히 들여다봐야겠군요. 우선 지소 각각이 어떤 카탈로그를 보냈는지 일목요연하게 알아야겠어요."

아하, 어느 곳의 책임자가 '출세주의자'이고 어느 곳의 책임자가 그렇지 않은지 알고 싶다는 말이군, 하고 레나는 생각한다.

"목록을 원하신다는 말씀…" 그녀가 머뭇거리며 묻는다.

"맞아요, 목록이에요. 일람표. 카탈로그라고 해도 좋겠군요." 마지막 문장에서 콜만의 얼굴에 환한 미소가 떠오른다. 콜만이 자신의 말을 재치 있는 농담으로 여기는 것인지, 아니면 또 하나의 카탈로그를 떠올리며 황홀함을 느끼는 것인지 레나는 모르겠다.

"그러니까, 노이엔부르크에 있는 모든 카탈로그 카탈로그들 중에서 자기 자신을 등재한 카탈로그 카탈로그들의 카탈로그를 원하신다고요?" 그녀가 믿기지 않는다는 표정으로 묻는다.

"맞아요, 바로 그거예요." 콜만이 대답한다. "또한 당연히, 자기 자신을 등재하지 않은 카탈로그 카탈로그들을 모두 열거한 카탈로그도 원하고요." 역시나 도서관 사서답게 콜만은 이 난해한 문장을 완벽하게 말한다. "오늘 오후까지 해주세요. 이 일을 신속하게 처리하고 싶군요."

세 시간 후, 레나는 옆구리에 얇은 파일 두 권을 끼고 다시 상사의 사무실로 들어선다. "아직 일이 덜 끝난 것 같은데 꼭 내 방에 올 필요가 있나요?" 콜만이 중요한 서류를 산더미처럼 쌓아놓고 골몰하는 듯한 모습으로 말한다. 레나가 그의 컴퓨터 화면을 보니 솔리테어 게임이 떠 있다. 상사는 최근에 스스로 구매를 허가한 그 비싼 컴퓨터로 게임을 하고 있는 것이다. 업무에는 그다지 열중하지 않는 듯하다.

"저도 같은 생각입니다만, 문제가 하나 있어서 일을 더 진행할 수가 없네요." 레나가 말한다. 의아하다는 듯한 콜만의 표정을 보며 그녀가 말을 잇는다. "카탈로그 하나는 비교적 신속하게 완성했습니다. 자기 자신을 등재한 카탈로그 카탈로그들을 모두 열거한 카탈로그 말입니다. 그런 카탈로그 카탈로그는 정확히 세 개니까요."

"아하, 새로운 카탈로그를 작성하면서 그 카탈로그 자신까지 등재한 꼼꼼한 지소장이 세 명 있었군요?"

"예, 그건 그런데요…" 레나가 대꾸한다. "두 번째 목록을 만드는 일은 더 어려웠습니다. 왜 그런지 설명해볼게요. 우선 우리가 '자기 자신을 등재하지 않은 카탈로그 카탈로그들'을 열거하기로

한 것은 잘한 선택이었어요. 만약에 그냥 '자기 자신을 등재하지 않은 카탈로그들'을 열거하기로 했다면, 방금 말씀드린 카탈로그 세 개만 빼고 나머지 모든 카탈로그를 열거해야 했을 테니까요."

"나는 호른 씨에게 과중한 업무를 맡길 생각이 없는 사람이에요." 콜만이 미소 짓는다. 이 사람은 문제를 제대로 알고 있을까? 레나는 확신이 서지 않는다.

"예, 그렇군요. 아무튼 자기 자신을 등재하지 않은 카탈로그 카탈로그들의 카탈로그를 작성해야 하니까 저는 간단히 꼼꼼한 지소 세 곳을 뺀 나머지 지소 열 곳에서 보낸 카탈로그 카탈로그들의 카탈로그를 만들었습니다."

"그래요, 잘했네요." 콜만이 약간 조바심을 낸다. 퇴근 전에 솔리테어 게임을 끝까지 하고 싶은 모양이다. "그런데 문제가 뭐죠?"

"이런 의문이 생기더라고요. 제가 만든 카탈로그에 그 카탈로그 자신을 등재해야 할까?"

"무슨 카탈로그를 말하는 거죠?"

"자기 자신을 등재하지 않은 카탈로그 카탈로그들의 카탈로그 말입니다." 레나가 천천히 또박또박 말한다. "카탈로그"라는 말에 신물이 날 것 같다.

"음…" 이번에는 콜만도 한동안 생각에 잠길 수밖에 없다. "그 카탈로그는 장기적으로 보관할 용도는 아닙니다만, 원칙을 일관되게 적용하는 게 좋겠어요. 향후 노이엔부르크시의 모든 카탈로그 카탈로그에는 그 자신을 등재하기로 합시다. 그러면 문제의 카탈로그 카탈로그들의 카탈로그는 텅 비게 되겠죠. 하지만 지금은 사정이 그렇지 않으니, 그 카탈로그 카탈로그들의 카탈로그도 등재하는 것이 옳아요."

"저도 그렇게 생각합니다만, 그 카탈로그를 어떤 카탈로그에 등재해야 할까요?" 레나가 난감한 표정으로 묻는다. "제가 시도해봤어요. 그 카탈로그에는 그 자신이 등재되어 있지 않으니까(말이 좀 이상하긴 합니다만) 저는 그 카탈로그를 그 자신에 등재했지요. 정확히 말하면, 자신을 등재하지 않은 모든 카탈로그 카탈로그들의 카탈로그에 그 카탈로그 자신을 등재했다는 말이에요. 그래서 그 순간부터 그 카탈로그에는 그 자신이 등재된 상태가 됐죠. 따라서 그 카탈로그는 자신을 등재한 카탈로그 카탈로그들의 카탈로그에 포함시켜야 하고요."

"꼼꼼한 지소 세 곳이 보낸 카탈로그들이 등재된 카탈로그에 포함되어야 한다는 말인가요?"

"예, 그렇습니다. 그래서 포함시켰어요. 그런데 그러고 나니까, 그 카탈로그에서 그 자신을 삭제할 수밖에 없었습니다. 왜냐하면 그 카탈로그는 이제 자기 자신을 등재하지 않았다는 기준을 만족시키지 못하니까요."

콜만의 이마에 주름이 잡힌다. 그가 심각하게 고민한다는 뜻이다. 주름이 점점 더 깊어진다. 마침내 그는 문제를 파악했다.

"그렇게 삭제했다면, 이제 그 카탈로그(자기 자신을 등재하지 않은 카탈로그 카탈로그들의 카탈로그)는 그 자신을 등재하지 않았겠군요. 따라서 짧은 카탈로그(자기 자신을 등재한 카탈로그 카탈로그들의 카탈로그)에 포함될 수 없고요. 맞습니까?"

"예, 맞아요."

"따라서 그 카탈로그는 다시 그 자신을 등재해야 하겠군요."

"예, 정확히 그렇습니다."

"그래서 등재하면, 우리는 다시 원점으로 돌아가서 그 카탈로그는 자신을 등재한 카탈로그가 될 테고…."

콜만이 책상 앞 안락의자에서 일어나 서성거린다. 카탈로그 전문가가 카탈로그 문제에 부딪쳤다. 보아하니 그는 문제를 풀 수 없는 듯하다.

"이렇게 해봅시다." 마침내 콜만이 말한다. "가져오신 파일 두 개를 다 주세요. 이제부터 이 파일들을 '카탈로그'라고 부르지 말고 그냥 '목록'이라고 이름 붙입시다. 그러면 이 파일들은 '자기 자신을 등재한 카탈로그 카탈로그들의 카탈로그'에도 속하지 않고 '자기 자신을 등재하지 않은 카탈로그 카탈로그들의 카탈로그'에도 속하지 않아요. 따라서 문제는 해결된 셈이고요."

해법이 나와서 레나도 기쁘다. 그녀는 벌써부터 퇴근을 고대하고 있다.

"하지만 콜만 씨, 질문이 하나…."

"무슨 질문이죠?"

"출세주의자들, 아니 꼼꼼한 지소장들의 의견대로 모든 카탈로그 카탈로그에 그 자신을 등재한다는 방침을 고수할 생각이십니까? 그렇게 하면 조만간 또 이런 문제가 발생하지 않을까요?"

"무슨 얘기죠? 어떤 문제가 발생한다는 말입니까?" 콜만이 묻는다. "모든 카탈로그들의 카탈로그는 그 자신을 포함해야 마땅합니다. 원리적으로 카탈로그는 많으면 많을수록 좋고요." 중앙도서관장은 이 말을 마치기도 전에 컴퓨터를 끄고 파일을 옆구리에 끼고 외투를 걸친다.

"고마워요, 호른 씨." 그가 도서관 직원을 사무실 바깥으로 이끌며 말한다. "머리를 쓰느라 한참을 고생했으니 이제부터는 편안한 주말을 누립시다."

프레게에게 날아온 끔찍한 메시지

도서관의 호른과 콜만은 비교적 깔끔하게 문제를 해결했다. (비록 카탈로그가 자기 자신을 포함해도 되는가라는 질문은 아직 완전히 처리되지 않았지만. 우리는 이 질문을 나중에 다시 다룰 것이다.) 반면에 논리학과 수학에서는 이와 유사한 문제 하나가 거대한 지진을 일으켰다.

우리가 본 예는 수학자 버트런드 러셀(1872~1970)이 1901년에 발견한 이율배반의 예화로 사용한 "이발사 역설"(러셀 자신이 고안한 역설은 아니다)을 본떠 구상한 것이다. 작은 마을에 (남자) 이발사가 딱 한 명 있다. 그 마을의 모든 남자는 깔끔하게 면도한 얼굴을 중시하기 때문에 스스로 면도하거나 아니면 이발사에게 면도를 받는다. 즉, 이발사는 스스로 면도하지 않는 남자들만 면도한다. 그런데 문제는 이것이다. 누가 이발사를 면도할까?

방금 본 이야기에서와 유사하게 우리는 이 상황에 깃든 모순을 도드라지게 할 수 있다. 먼저 이발사가 스스로 면도하지 않는다고 가정하자. 그러면 그는 (스스로 면도하지 않는 남자이므로) 이발사에게 면도를 받을 것이다. 그런데 이는 그가 스스로 면도한다는 뜻이다. 따라서 그는 이발사에게 면도를 받지 않는다. 즉, 그는 스스로 면도하지 않는다…. 이런 식으로 '이발사가 자신을 면도한다'와 '이발사가 자신을 면도하지 않는다'를 오가는 추론이 끝없이 이어지고 명확한 결론은 나오지 않는다.

물론 러셀이 정식으로 제시한 이율배반은 이발사나 카탈로그와 무관하고 수학의 한 분야인 집합론과 관련이 있다. 러셀의 이율배반보다 수십 년 앞서 독일 수학자 게오르크 칸토어가 개발한 집합론은 19세기에서 20세기로 넘어가는 전환기에 수학에서 가장 중요한 주제들 중 하나였다. 수학자들은 집합론을 수학 전체를 떠받칠 새로운 토대로 여겼다. 사실상 모든 수학 분야들은 수를 기초로 삼으므로, 집합론으로 수학 전체를 떠받치는 작업의 첫 단계는 집합론으로부터 정수 계산법, 곧 산술을 도출하는 것이다. 이 단계를 시도한 독일 논리학자 겸 수학자 고틀로프 프레게(1848~1925)는 저서 『산술의 기초*Grundlagen der Arithmetik*』 제2권을 완성할 즈음에 러셀의 편지를 받았다. 그 편지에서 러셀은 자신이 발견한 이율배반을 설명했다.

프레게에게 그 메시지는 이루 말할 수 없이 파괴적이었을 것이 분명하다. 그의 필생의 업적이 와르르 무너진 셈이었다. 그는 이제 와서 책을 고칠 수는 없어서 간략한 후기만 덧붙였다. "저서를 완성한 다음에 그 성과의 토대가 흔들리는 것만큼 학술 저자에게 바람직하지 않은 일은 거의 없다. 이 책의 인쇄가 마무리될 즈음에 나는 버트런드 러셀 씨의 편지로 인해 그런 처지에 놓였다."

내가 이 모든 이야기를 왜 하는지 의아한 독자도 어쩌면 있을 것이다. 프레게와 러셀의 연구는 집합론에 관한 것이고, 이 책의 주제는 논리학이니까 말이다. 논리학과 집합론이 무슨 관련이 있단 말인가?

아주 밀접한 관련이 있다. 술어 논리의 모든 명제는 집합에 관한 명제로 번역할 수 있다. 예컨대 "모든 사람은 죽는다. 소크라테스는 사람이다. 따라서 소크라테스는 죽는다"라는 삼단 논법을 생각해보자. 이 추론을 집합론의 용어로 표현하면 다음과 같다. "사람의 집합은 죽는 놈들의 집합의 부분집합이다. 소크라테스는 사람의 집합에 속한 원소다. 따라서 소크라테스는 죽는 놈들의 집합에 속한 원소다."

당신이 1960년대나 1970년대에 초등학교에 다녔고, 당시에 색연필로 동그라미를 쳐서 사과들의 집합과 배들의 집합을 표시했던 것을 기억한다면 안심해도 좋다. 바로 그것이 집합론이다. 대상들을 동그라미로 둘러치기. 또는 개별 대상들을 집단, 곧 집합으로 묶기. 이것은 실제로 가장 근본적인 수학 연산이다. 그 단순한 작업에서 흥미로운 결과들이 놀랄 만큼 많이 나온다.

수학에서는 동그라미를 치는 대신에 중괄호를 붙여서 대상들을 집합으로 묶는다. 예컨대 아래처럼 원소 3개를 묶어서 집합 M을 만들 수 있다.

M = { 레이디가가, 이탈리아, 2의 제곱근 }

한 대상이 집합 M의 원소라는 것은 다음과 같이 표기한다.

레이디가가 $\in M$

현실에 있느냐 없느냐를 떠나서 어떤 대상이든 (그것이 무엇인지만 명확하다면) 집합의 원소가 될 수 있다. 특히 중요한 것은 집합도 다른 집합의 원소가 될 수 있다는 점이다.

한 집합에 속한 원소들의 개수가 유한하면, 우리는 그 원소들을 전부 다 열거할 수 있다. 그러나 집합은 무한히 많은 원소를 가질 수도 있다. 그런 집합을 표기할 때는 종종 다음처럼 말줄임표를 사용한다.

$$N = \{ 1,2,3,4,\cdots \}$$

이때 말줄임표는 '이런 식으로 끝없이 계속된다'는 뜻이다. 반면에 (이 대목에서 우리는 논리에 접근한다) 한 속성을 정의해서 그 속성을 가진 모든 대상들의 집합을 구성할 수도 있다.

$B = \{ x \mid x$는 역대 독일 연방대통령 $\}$

이 등식의 우변은 "'x는 역대 독일 연방대통령이다'를 만족시키는 모든 x들의 집합"이라고 읽는다. 집합 B의 원소는 (이 책이 인쇄된 시점을 기준으로) 테오도르 헤스부터 요아힘 가우크까지 11개다.

이런 식으로 정의한 집합은 무한히 많은 원소를 가질 수도 있지만 원소가 없을 수도 있다. 이를테면 다음 집합이 그러하다.

$F = \{ x \mid x$는 역대 여성 독일 연방대통령 $\}$

집합 F는 원소가 하나도 없다. 이런 집합을 '공집합'이라 하고 Ø로 표기한다.

이런 식으로 집합을 구성할 수 있다는 것, 즉 임의의 속성을 정의한 다음에 그 속성을 가진 모든 대상들의 집합을 구성할 수 있다는 것은 프레게가 자신의 저서에서 펼친 집합론의 핵심 공리들(의문시하지 않고 받아들이는 근본 명제들) 중 하나였다. 그는 이것을 '보편 내포 공리axiom of comprehension'로 명명했다. 훗날 러셀이 집합론 전체를 뒤엎을 때 지렛대로 삼은 것이 바로 이 공리다.

한 집합을 정의하는 속성은 논리 술어로도 간주할 수 있다. Mx

가 "x는 사람이다"를 나타낸다면, Mx를 가지고 곧바로 모든 사람들의 집합을 구성할 수 있다.

$$M = \{ x \mid Mx \}$$

그러면 논리 명제 Ms("소크라테스는 사람이다")는 집합론에서 $s \in M$로 번역된다.

일반적으로 집합 두 개와 원소 하나가 있다면, 그 원소는 두 집합 모두에 속하거나 한 집합에만 속하거나 어느 집합에도 속하지 않기 마련이다. 이 사정을 다음처럼 그림으로 표현할 수 있다. 그림에서 닫힌 구역 네 개 각각은 원소들을 가질 수도 있고 못 가질 수도 있다. 예컨대 집합 M을 모든 가구들의 집합, V를 다리가 네 개인 모든 대상들의 집합으로 정의하자.

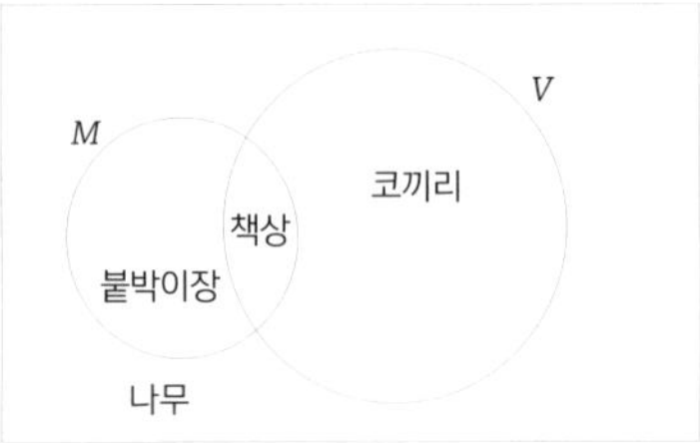

나는 그림 속 구역 네 개 각각에 대표적인 원소 하나를 적었다. 집합 M이 술어 Mx("x는 가구다")를 통해 정의되고 V가 Vx("x

는 다리가 네 개다")를 통해 정의되어 있다면, 우리는 M의 여집합 complement, 곧 M에 속하지 않은(속성 Mx를 가지지 않은) 모든 원소들의 집합을 쉽게 구성할 수 있다. 간단히 말해서, 비(非)가구들의 집합을 구성할 수 있다는 말인데, 다음 그림에서 어둡게 칠한 부분이 그 집합 M^c을 나타낸다.

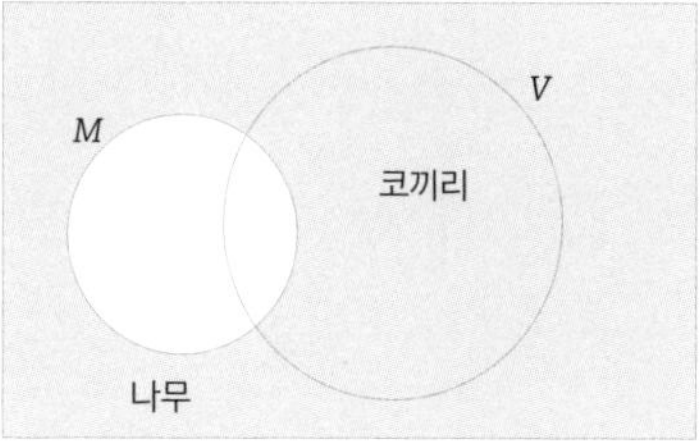

$$M^c = \{x \mid x \notin M\}$$

또는

$$M^c = \{x \mid \neg Mx\}$$

그림 속 구역 네 개는 모든 대상들의 세계를 분할하는데, 그 구역들 중 일부나 전부를 조합하여 부분구역을 만드는 방법은 총 16가지다. 이 개수는 두 명제를 연결할 때 사용 가능한 논리 연산자의 개수와 같다(36쪽 참조). 예컨대 다음 그림들이 나타내는 부분구역 세 개를 보자.

첫째 부분구역은 M에도 속하고 V에도 속하는 원소들의 집합,

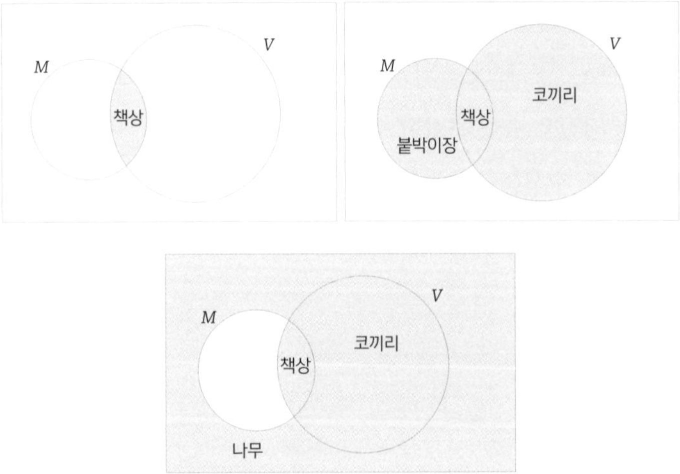

곧 다리가 네 개인 가구들의 집합이다. 집합론에서는 이런 집합을 '교집합'이라고 한다. M과 V의 교집합은 $M \cap V$로 표기한다. 교집합은 논리에서 앤드 연결에 대응한다.

$$M \cap V = \{ x \mid Mx \wedge Vx \}$$

교집합 기호(∩)와 앤드 기호(∧)가 유사한 것은 우연이 아니다. 둘째 부분구역은 M의 원소들과 V의 원소들을 합친 집합이다. 이 집합은 다리가 네 개이거나 또는 가구인 모든 대상들을 아우른다. 이를 '합집합'이라고 하고 기호 ∪로 표기하는데, 합집합은 논리에서 (배제적이지 않은) 오어 연결에 대응한다.

$$M \cup V = \{ x \mid Mx \vee Vx \}$$

셋째 부분구역은 어떻게 서술할 수 있을까? 그림을 보면, M에만 속한 원소들을 제외한 나머지 모든 원소들의 영역이 어둡게 칠해져 있다. 즉, 다리가 네 개가 아닌 가구들을 제외한 나머지 모든 대상들이 이 부분구역의 원소다. 바꿔 말해 이 집합의 원소는 M에 속하지 않거나 V에 속한다. 이 집합을 C라고 하면 다음의 등식들이 성립한다.

$$\begin{aligned} C &= \{ x \mid \neg Mx \vee Vx \} \\ &= \{ x \mid Mx \rightarrow Vx \} \end{aligned}$$

마지막 등식은 함축 규칙(58쪽 참조)에 따른 것이다. 이 등식을 말로 풀면, C는 'x가 가구라면, x는 다리가 네 개다'를 참으로 만드는 모든 x의 집합이다.

이 대목에서 우리는 논리적 함축의 정의가 직관과 약간 어긋난다는 점을 새삼 실감하게 된다. 어쩌면 집합 C의 원소들을 이렇게 서술하는 편이 더 나을 것이다. "가구가 아니거나, 아무튼 다리가 네 개인 대상들."

술어 논리의 양화사들도 문제없이 집합론으로 번역할 수 있다. 먼저 존재 양화사를 보자.

$$\exists x\,(Mx \wedge Vx)$$

이 논리식은 "다리가 네 개인 가구가 있다"라는 명제다. 이 명제를 집합론의 용어로 번역하면 "M과 V의 교집합은 공집합이 아니다"가 된다.

"소크라테스는 죽는다"라는 결론을 끌어내는 고전적인 삼단 논법도 집합 그림으로 번역할 수 있다.

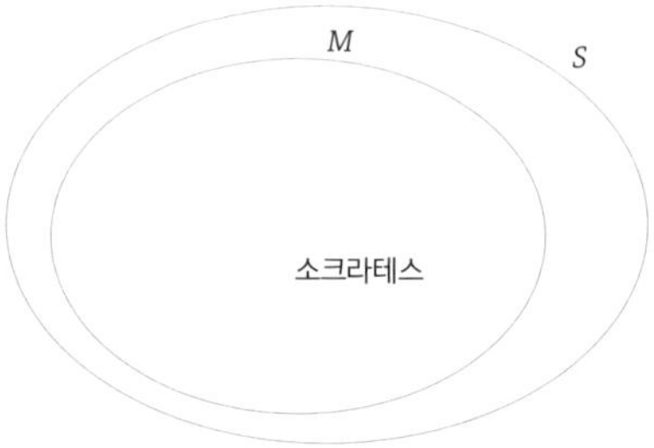

"모든 사람은 죽는다"라는 명제는 집합 M의 모든 원소가 집합 S에도 속한다는 말과 같다. 이 말을 집합론에서는 "M은 S의 부분집합이다"라고 표현하고 $M \subset S$로 표기한다. M이 S의 부분집합이라면, 소크라테스가 M의 원소라는 사실에서 그가 S의 원소이기도 하다는 사실이 도출된다.

초기의 집합론들은 순박한naive 집합론으로 불린다. 왜냐하면 초창기에 집합론을 연구한 사람들은 '집합' 개념과 '원소' 개념을 딱히 정의하지 않고 사용했기 때문이다. 이는 고대 그리스인 유클

리드가 직관에 의지하여 '점'과 '직선'을 거론한 것과 유사하다. 그러나 19세기 말과 20세기 초에 수학자들은 수학을 완벽하게 형식화되고 공리화된 토대 위에 세우는 일을 지상 과제로 삼았다. 그들은 직관에 의지하여 개념들을 사용하는 대신에 계산calculus을 정의했다. 이때 계산을 정의한다 함은, 기본적인 기호들과 몇 가지 규칙들을 정한다는 뜻이다. 그 규칙들은 기호들을 조합하여 문법에 맞는 식을 만드는 방법과 한 식을 다른 식으로 변형하는 방법을 가르쳐준다. 또한 계산을 정의하려면 이른바 공리들을 명시해야 한다. 공리란 무조건 참으로 간주되는 식(곧, 기호조합)이다. 계산을 정의하려는 사람들은 계산에 모순이 없기를 바란다. 즉, 계산에서 한 명제와 그것의 부정이 동시에 도출되는 일이 없기를 바란다. 왜냐하면 모순적인 계산 시스템 안에서는 어떤 불합리한 명제라도 증명이 가능하기 때문이다.

고틀로프 프레게가 러셀의 편지를 받던 당시에 추구하던 목표는 그런 식으로 집합론을 공리화하여 산술의 토대로 삼는 것이었다. 그가 채택한 공리들 중 하나는 앞서 언급한 대로 보편 내포 공리였다. 이 공리에 따르면, 임의의 술어 Px에 대해서 Px를 만족시키는(속성 P를 가진) 모든 대상들의 집합을 구성할 수 있다. 프레게는 매우 독특한 방법으로 논리 연산자와 집합을 표기했지만, 현대 표기법으로 보편 내포 공리를 적으면 다음과 같다.

$$\exists y \, \forall x \, ((x \in y) \leftrightarrow Px)$$

이 식을 말로 풀면 이러하다. "모든 x에 대해서 x가 속성 P를 가질 때 그리고 오직 그럴 때만 x가 y의 원소인 그런 집합 y가 존재한다."*

집합 y가 실제로 원소를 가지는지 여부는 중요하지 않다는 점에 유의하라. 예컨대 Px가 "x는 외계인이다"라고 해보자. 내포 공리에 따르면 우리는 모든 외계인들의 집합을 구성할 수 있다. 어쩌면 그 집합은 공집합일 수도 있겠지만 말이다.

얼핏 보면 보편 내포 공리는 아무런 문제도 없는 듯하다. 하지만 프레게는 러셀이 이율배반을 발견하기 전에도 이 공리 때문에 골머리를 앓았다. 그는 앞서 인용한 후기에 이렇게 썼다. "그것(보편 내포 공리)이 다른 공리들만큼, 또한 논리법칙이라면 마땅히 그래야 하는 만큼 확실하지 않다는 점을 나는 결코 숨기지 않았다. 뭐라도 대안을 알았더라면 나는 기꺼이 이 토대를 포기했을 것이다." 요컨대 프레게는 보편 내포 공리가 꺼림칙했지만 그가 추구하는 산술의 형식화를 위해서는 그 규칙이 필요했다.

러셀은 이율배반을 구성하기 위하여 매우 특이한 속성을 선택해서 거기에 프레게의 공리를 적용했다. 그 속성은 이러했다. "x는 자기 자신을 원소로 가지지 않는다." 얼핏 들으면 이 말도 아무런 문제가 없는 듯하다. 생각해보면 거의 모든 집합은 자기 자신

---

* 이 식에서 집합을 갑자기 대문자가 아니라 소문자로 표기한 것에 당황할 필요는 없다. 형식화된 집합 계산에서 '집합'과 '원소'는 원리적으로 구별되지 않는다. 어떤 집합이라도 다른 집합의 원소가 될 수 있다.

을 원소로 가지지 않으니까 말이다. 모든 의자들의 집합은 의자가 아니고, 모든 사람들의 집합은 사람이 아니다. 그러나 자기 자신을 원소로 가지지 않은 모든 집합들을 가지고 집합 y를 만들면 (프레게의 시스템은 이를 허용한다) 보편 내포 공리에 따라서 다음과 같은 이상한 식을 얻을 수 있다.

$$\forall x((x \in y) \leftrightarrow (x \notin x))$$

이 식은 우주에 있는 모든 대상 x에 대해서 (x가 y에 속하든 말든 상관없이) 성립한다. 따라서 (135쪽에 나오는 '보편 대입' 규칙을 적용하여) x에 집합 y를 대입해도 된다. 그러면 다음 식이 나온다.

$$(y \in y) \leftrightarrow (y \notin y)$$

말로 풀면, y는 y의 원소가 아닐 때 그리고 오직 그럴 때만 y의 원소다. 자기 자신을 등재하지 않은 모든 카탈로그들의 카탈로그는 자기 자신을 등재하지 않을 때 그리고 오직 그럴 때만 자기 자신을 등재한다. 이발사는 스스로 면도하지 않을 때 그리고 오직 그럴 때만 스스로 면도한다. 쉽게 말해서 한 명제와 그것의 부정이 논리적으로 동치라는 애기다. 이런 결론을 산출하는 논리 계산은 무용지물이다. 왜냐하면 그런 논리 계산 시스템에서는 모든 명제가 참인 동시에 거짓이라는 것을 쉽게 증명할 수 있기 때문이다.

그렇다면 콜만 씨가 여전히 합법적이라고 여기는 카탈로그들, 즉 스스로를 등재한 카탈로그들은 어떨까?

그런 카탈로그들(곧 집합들)이 존재한다는 전제에서 곧바로 모순이 도출되지는 않는다. 하지만 정말로 집합이 자기 자신을 원소로 가져도 될까? 예컨대 "모든 수학적 대상들의 집합"을 구성해도 될까? 이 집합은 확실히 그 자체로 수학적 대상이므로 자기 자신을 원소로 가질 것이다. 또 "모든 집합들의 집합"은 어떨까?

이런 집합들이 존재할 수 없다는 사실은 이미 1899년에 게오르크 칸토어에 의해 증명되었다. 그의 증명은 한 집합의 모든 부분집합들의 집합은 항상 원래 집합보다 "진짜로 크다"는 사실을 이용했다. ("진짜로 크다"의 정확한 의미에 대한 설명은 뒤로 미루겠다.) 이는 모든 집합들의 집합은 존재할 수 없다는 것을 함축한다. 사실 조금만 깊이 생각해봐도 자기 자신을 원소로 가진 집합이 꺼림칙하다는 것을 알 수 있다.

M이 자기 자신을 원소로 가진 집합이라고 해보자. 그러면 M을 다음과 같이 적을 수 있다.

$$M = \{ M, a, b, c, \cdots \}$$

a, b, c, $\cdots$는 M의 원소들이며, 그 개수는 유한하거나 무한하다. 우리는 앞의 등식 우변의 M에 우변 전체를 대입하는 작업을 다음처럼 반복할 수 있다.

$$
\begin{aligned}
M &= \{\{M,a,b,c,\cdots\},a,b,c,\cdots\} \\
&= \{\{\{M,a,b,c,\cdots\},a,b,c,\cdots\},a,b,c,\cdots\} \\
&= \{\{\{\{M,a,b,c,\cdots\},a,b,c,\cdots\},a,b,c,\cdots\},a,b,c,\cdots\}
\end{aligned}
$$

대입이 계속 반복되면, 중첩된 괄호를 포함한 기호열의 길이가 한없이 길어질 것이다. 물론 이런 무한이 무조건 금기는 아니다. 실제로 무한은 수학에서 자주 등장한다. 그러나 무한이 불길한 느낌을 일으키는 것은 사실이다.

수학과 논리학은 이 난관을 어떻게 극복했을까? 현대 수학의 복잡하고 풍부한 구조를 산출할 수 있으면서도 이런 이율배반들은 일으키지 않는 그런 토대가 어떻게든 마련되어야 했다. 러셀은 스스로 구성한 이율배반을 방지하기 위한 해결책으로 이른바 '유형론type theory'을 제안했다. 이 이론에서 수학적 대상들은 엄격한 위계를 이루며, 모든 각각의 대상은 하위 유형의 대상들만 원소로 가질 수 있다. 따라서 어떤 집합도 자기 자신을 원소로 가질 수 없고, 러셀의 이율배반을 유발하는 모순적 슈퍼-집합들은 원천적으로 금지된다.

그러나 대다수 수학자들은 이 유형론이 자의적일뿐더러 매우 완고하다고 느꼈다. 그리하여 집합론의 토대를 마련하는 또 다른 방법이 대세로 자리 잡았는데, 그 방법을 일컬어 '체르멜로-프렝켈 집합론'이라고 한다. 이 명칭은 에른스트 체르멜로(1871~1953)

와 아브라함 아돌프 프렝켈(1891~1965)의 이름에서 유래했다.* 이 집합론은 무엇이 무엇의 원소여도 되는지를 완고하게 규정하지 않는다. 또한 프레게의 보편 내포 공리에 해당하는 공리도 채택한다. 요컨대 한 속성에 대해서 그 속성을 가진 모든 대상들의 집합을 구성하는 것이 항상 가능하다. 단, 확정된 '상위 집합superset' 안에서만 그러하다. 더 나아가 체르멜로-프렝켈 집합론의 한 공리는 집합이 집합을 원소로 가지는 방식으로 집합들이 중첩되는 것을 제한하며 특히 집합이 자기 자신을 원소로 가지는 것을 금지한다.

> 이 공리를 일컬어 '기초 공리axiom of foundation'(또는 '정칙성 공리axiom of regularity'—옮긴이)라고 한다. 기초 공리를 말로 풀면 "공집합이 아닌 모든 집합은 자신과 서로소disjoint인 원소를 반드시 가진다"는 것이다(A와 B가 서로소라는 것은 A와 B의 교집합이 공집합이라는 뜻이다—옮긴이). 이를 기호로 나타내면 다음과 같다.
>
> $$\forall x(x \neq \varnothing \rightarrow \exists y((y \in x) \wedge (x \cap y = \varnothing)))$$

* 체르멜로-프렝켈 집합론의 공리들을 보려면 부록을 참조하라.

> 한참 전에 나왔던, 자기 자신을 원소로 가진 집합은 이 공리의 위반을 유발한다. 왜냐하면 그 집합 M이 존재한다면, 집합 $M_1 = \{M\}$을 구성할 수 있기 때문이다. M_1은 단 하나의 원소만 가졌다. 그리고 M_1과 그 유일한 원소 M의 교집합은 (M_1은 M을 원소로 가지고, M도 자기 자신을 원소로 가지므로) M이다. 따라서 M_1은 기초 공리를 위반한다.

19세기에서 20세기로 넘어가는 전환기에 순박한 집합론을 무너뜨리고 집합론의 새로운 공리적 토대를 마련한 연구는 새롭고 혁명적이었지만, 그 연구의 발단이 된 역설들 중 일부는 오래 전부터 알려져 있었다. 모든 집합들의 집합은 존재할 수 없다는 칸토어의 증명은 11세기에 캔터베리 대주교 안셀무스가 내놓은 신 존재 논증을 명확하게 다듬은 것이라고 할 수 있다. 안셀무스는 증명의 한 대목에서 다음과 같은 문장으로 모순을 지적했다. "그보다 더 위대한 것을 생각할 수 없는 그런 대상보다 더 위대한 무언가를 생각할 수 있다면, 그보다 더 위대한 것을 생각할 수 없는 그런 대상은 그보다 더 위대한 것을 생각할 수 있는 그런 대상이다." 칸토어는 이 문장을 이렇게 변형했다. "모든 집합들의 집합보다 더 큰 집합(예컨대 모든 집합들의 집합의 부분집합들의 집합)이 존재한다면, 모든 집합들의 집합은 모든 집합들의 집합일 수 없다.” 칸토어는 매우 독실한 신앙인이었다. 그러나 틀림없이 그는 자신의 논증으로 신의 존재를 증명할 생각은 없었을 것이다.

다음 장에서 우리는 다양한 역설들을 간략하게 살펴볼 것이다. 그중 일부는 수천 년 전부터 전해온 것들이다.

9장

논리가 말썽을 부릴 때

- 유명한 역설들과 그 해법들

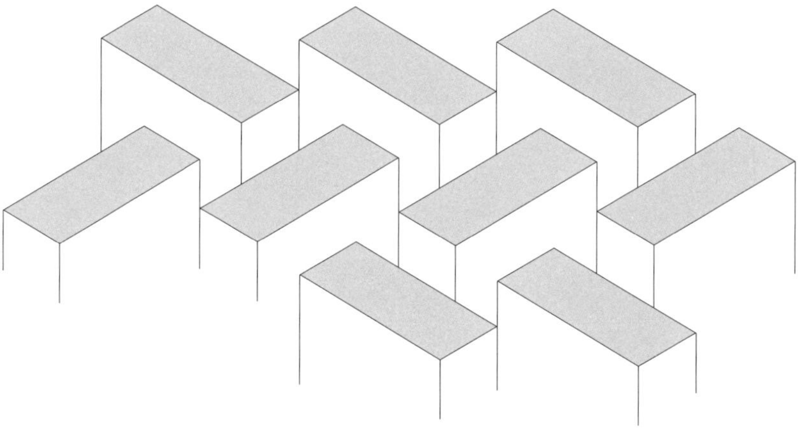

예로부터 역설은 위대한 지성뿐 아니라 일반인에게도 재미를 안겨주었다. 일찍이 엘레아의 철학자 제논은 40개의 역설을 제시했다고 한다. 그중 10개는 오늘날까지 전승되었으며 2개는 이 장에서 다뤄질 것이다.

역설은 우리의 생각을 궁지에 빠뜨리는 이야기다. 이야기는 평범하게 시작되지만 결국 상식에 어긋나는 결말에 이른다. 혹은 심지어 서로 모순되는 두 결말에 이른다. 그 결말들이 둘 다 참일 수는 없다.

'역설'로 불리는 이야기들 중 일부는 이 책에서 다루기에 부적절하다. 예컨대 이른바 '생일 역설'이 그러하다. 생일이 같은 두 사람이 있을 확률이 50퍼센트를 넘으려면 파티에 얼마나 많은 사람이 참석해야 할까? 정답은 놀랄 만큼 작은 수다. 파티 참석자가 23명만 되면 벌써 그 확률이 50퍼센트보다 높아진다. 대다수 사람들은 훨씬 더 큰 수가 정답이라고 짐작한다. 아마도 위 질문을, 특정한 날짜가 생일인 사람이 두 명 있을 확률을 묻는 질문과 혼동하기 때문일 것이다. 위 질문은 특정한 날짜를 거론하지 않는다는 점을 유의하라. 아무 날짜에든지 두 사람의 생일이 겹치기만 하면 된다. 하지만 앞의 질문과 답은 역설과 아무 상관이 없다. 그것들은 확률에 대한 우리의 직관이 매우 미숙하다는 사실을 보여줄 뿐이다.

이제부터 가나다순으로 열거할 최고 인기 역설들 중 일부도 엄격하게 따지면 논리적 역설은 아니다. 하지만 그것들도 우리의 생각을 그릇된 길로 이끌기 때문에 목록에 포함시켰다.

거짓말쟁이 역설

이 유명한 역설은 수많은 버전이 있으며, 일부 버전들은 전혀 역설이 아니다.

1. 버트런드 러셀은 기원전 6세기에 살았던 에피메니데스를 거짓말쟁이 역설의 창시자로 지목한다. "크레타 섬의 거주자 에피메니데스는 이렇게 말했다. '모든 크레타 사람은 거짓말쟁이다. 이 말만 빼고, 크레타 사람의 다른 모든 주장은 확실히 거짓말이다.'"

2. 사도 바울도 『디도에게 보낸 편지』 1장 12절에서 거짓말쟁이

역설을 언급한다. "그들 중의 한 사람이 '우리 크레타 사람들은 언제나 거짓말쟁이고 몹쓸 짐승이고 먹는 것밖에 모르는 게으름뱅이다'라고 말하지 않았습니까? 이 말을 한 사람은 바로 그들의 예언자라는 사람입니다. 이 증언은 옳은 말입니다."

3. 에우불리데스는 기원전 4세기에 다음과 같은 문제를 냈다. "내가 '나는 거짓말을 한다'라고 거짓말을 하면, 나는 거짓말을 하는 것일까, 아니면 참말을 하는 것일까?"

4. 러셀은 거짓말쟁이 역설을 가장 간결하고 명확한 형태로 제시했다. "나는 거짓말을 하고 있다." (영어 원문은 "I am lying.")

여기에서 무엇이 역설인지 설명하려면 먼저 '거짓말쟁이'의 의미를 설명해야 한다. 일상언어에서 거짓말쟁이는 습관처럼 거짓말을 하는 사람을 뜻한다. 즉, 거짓말쟁이도 가끔 참말을 한다. '거짓말쟁이'를 이런 뜻으로 해석하면 크레타 사람에 관한 발언들(1과 2)은 아무 문제도 일으키지 않는다. 에피메니데스가 참말을 하는지 우리는 모르지만, 그럴 가능성이 충분히 있으니까 말이다.

그러나 지금 우리는 논리를 다루는 중이므로 거짓말쟁이란 항상 거짓말을 하는 사람이라고 전제하자. 그러면 에피메니데스의 발언(1)과 크레타 예언자의 발언(2)은 어떻게 될까?

그 발언들에 담긴 핵심 명제의 논리적 형식은 다음과 같다. (술어 Lx는 "x는 거짓말쟁이다", Kx는 "x는 크레타 사람이다"이다.)

$$\forall x(Kx \rightarrow Lx)$$

이 명제가 참이라면, 에피메니데스 자신도 거짓말쟁이다. 따라서 이 명제는 거짓이다. 그러므로

$$\neg \forall x (Kx \rightarrow Lx)$$

가 참이며, 이 명제는 다음과 동치다.

$$\exists x (Kx \wedge \neg Lx)$$

말로 풀면, 거짓말쟁이가 아닌 크레타 사람이 최소한 한 명 있다는 것이다. 이것은 모순일까? 그렇지 않다. 그냥 에피메니데스가 거짓말을 할 뿐이다. 그가 악명 높은 거짓말쟁이일 필요도 없다. 단지 그가 지금 한 번 거짓말을 하는 것으로 충분하다.

실제로 역설이 발생하는 것은 3과 4에서다. 이 경우들에서는 크레타 사람이나 다른 사람들에 관한 명제 대신에 한 명제가 자신의 진릿값에 대해서 진술한다. 그 명제를 A로 표기하면, A는 $\neg A$라고 진술한다. 이를 간단히 아래처럼 표기할 수 있다.

$$A \leftrightarrow \neg A$$

이 논리식은 모순율을 위반한다. 논리의 공리들로부터 쉽게 도출되는 모순율에 따르면, 한 명제와 그것의 부정은 동시에 참일

수 없다.

그런데 모순율을 위반하는 문장이라고 해서 모두 역설은 아니다. 예컨대 "지금 눈이 오고, 오지 않는다"는 모순율을 위반하는 문장이며 간단히 거짓이다. 반면에 거짓말쟁이 문장은 두 진술을 결합하기 때문에 역설이 된다. 그 두 진술 중 하나는 세계에 관한 것('한 사람이 거짓말을 한다')이며 다른 하나는 첫째 진술에 관한 메타 진술('첫째 명제는 거짓이다')이다. 메타 진술이 반드시 모순을 일으키는 것은 아니다. 어떤 진술에나 "…그리고 이것은 참말이다"라는 사족을 붙여도 된다. 그렇게 하더라도 진술의 내용은 달라지지 않는다. 그러나 문장이 자기 자신을 부정하면, 문제가 발생한다. 이런 자기 지칭 문제들은 다음 장에서 다룰 것이다.

그루 역설

이 책은 거의 전적으로 연역적 추론을 다루고 귀납적 추론은 다루지 않는다. 논리는 연역적이다. 즉, 주어진 전제에서 결론을 끌어내기만 할 뿐, 새로운 사실을 전제에 덧붙이지 않는다. 반면에 귀납은 경험과학의 방법이다. 경험과학은 현실 세계에서 데이터를 수집하고 가설을 세운다. 그 가설은 추가 경험에 의해 뒷받침되거나 반박되지만 끝내 최종적으로 증명되지 않는다.

하지만 귀납과 관련이 있으며 우리의 논리적 사고를 시험하는 역설도 몇 개 있다(이 장의 〈까마귀 역설〉 참조). 한 예로 미국 철학자 넬슨 굿맨(1906~1998)이 고안한 "굿맨의 새로운 귀납 수수께끼Goodman's new riddle of induction"가 있다. 이 역설은 과거의 관찰을 근거로 미래를 추론할 수 있는가에 의문을 제기한다. 솔직히, 이 역설은 칵테일파티에서 재미 삼아 나누는 잡담보다는 과학철학 토론에 더 어울린다.

에메랄드는 녹색인가? 일상에서는 그렇다고 답해야겠지만, 조금 특별한 상황을 만들어보자. 즉, 새로운 속성 그루grue를 정의하기로 하자. 이 속성은 2020년 1월 1일 이전에 발견된 녹색 대상과 그날 이후 발견된 파란색 대상에 붙는다. 마찬가지 방법으로 정의한 블린bleen이라는 속성은 그날 이전에 발견된 파란색 대상과 그날 이후 발견된 녹색 대상에 붙는다.

'그루'인 대상의 색깔이 2020년 1월 1일을 기점으로 바뀌는 것은 아님을 유의하라. 그 날짜에 바뀌는 것은 우리의 어법뿐이다. 이는 "경성"이 "서울"로 바뀌는 것과 유사하다.

이제 다음의 두 문장을 보라.

1. 모든 에메랄드는 녹색이다.
2. 모든 에메랄드는 그루다.

두 문장의 의미는 서로 다르다. 첫째 문장은, 언제 채굴되었든 간에 에메랄드의 색깔은 녹색이라고 말한다. 둘째 문장에 따르면, 2020년 1월 1일 이전에 채굴된 에메랄드의 색깔은 녹색이고 그날 이후에 채굴된 에메랄드의 색깔은 파란색이라고 말한다.

이 상황에서 어떤 역설이 발생할까? 오늘까지 발견된 에메랄드는 모두 녹색이었다. 그 모든 에메랄드는 문장 1을 뒷받침한다. 또한 앞으로 발견될 모든 에메랄드도 그러할 것이다. 그런데 이제껏 발견된 모든 에메랄드는 그루이기도 하다. 또한 앞으로 당분간 발견될 모든 에메랄드도 그루일 것이다. 즉, 2020년 1월 1일 이전까지 발견된 모든 녹색 에메랄드는 문장 2를 뒷받침한다. 따라서 순전히 귀납적 논리에 의지하여 판정하면, 문장 1과 문장 2는 동등하게 참이다. 더 나아가 우리는 '그루'와 유사한 속성들을 정의하여 현재까지의 에메랄드에는 타당하지만 미래의 에메랄드에는 터무니없을 것이 틀림없는 주장들을 얼마든지 만들 수 있고, 현재까지 발견된 모든 에메랄드는 그 주장들을 뒷받침할 것이다.

이런 유형의 귀납적 논증을 반박하기 위한 원리들 중 가장 중요한 것은 17세기 이래로 과학에서 쓰이는 '오컴의 면도날Ockham's razor', 즉 하나의 경험적 발견에 대해서 여러 설명들이 있다면 가장 단순한(추가 전제들을 최소로 도입하는) 설명을 선호해야 한다는 원리다. 오컴의 면도날을 적용하면 그루 역설에 대해서 이렇게 말할 수 있다. 임의로 선택한 시점 이후에 갑자기 다른 색깔의 에메랄드만 발견된다는 전제는 억지스럽다. 그 전제를 채택할 이유가 전혀 없다. 따라서 문장 2보다 문장 1을 선호하는 것이 당연하다.

오컴의 면도날 원리는 지능검사나 수수께끼 놀이에서 자주 나오는 수열에도 적용할 수 있다. 예컨대 수열 2, 4, 6,…의 다음 항은 무엇일까? 이 질문은 정답이 하나라는(8이라는) 것을 암시한다. 그러나 수학적으로 엄밀한 대답은 어떤 수든지 다음 항이 될 수 있다는 것이다. 어떤 수를 선택하든지, 그 수를 다음 항으로 만드는 공식이 항상 존재한다. 예컨대 다음 항이 9라는 것도 옳은 대답일 수 있다. 이 경우에 수열의 항들은 다음 공식을 따른다.

$$\frac{n^3}{6} - n^2 + \frac{23n}{6} - 1$$

n에 차례로 1, 2, 3, 4를 대입해보라. 공식을 계산한 결과로 2, 4, 6, 9가 나온다! 당연히 공식 $2n$이 더 간단하고 깔끔하다. 그리고 오컴의 면도날 원리에 따르면, 이 공식이 더 나은 대답이다. 물론 앞의 공식도 $2n$에 못지않게 옳고, 따라서 9도 다음 항으로 인정받을 수 있다. 하지만 당신이 입사 시험에서 이 문제를 풀어야 한다면 대다수 사람들이 예상하는 정답인 8을 적는 편이 더 나을 것이다. 안 그러면 사람들은 당신을 바보나 비현실적인 고집쟁이로 여길 것이다.

까마귀 역설

독일 논리학자 카를 구스타프 헴펠(1905~1997)이 1940년대에 처음 제시한 이 역설은 그루 역설과 마찬가지로 귀납적 추론을 통한 지식 획득과 관련이 있다. 귀납적 추론에서 나는 가설을 뒷받침하거나 반박하는 경험들을 수집한다. 그리하여 예컨대 "모든 까마귀는 검다"라는 가설을 세울 수 있다. 내가 새롭게 마주치는 검은 까마귀 각각은 그 가설을 뒷받침하는 증거다. 그러나 가설의 완벽한 증명은 현실 세계에서 결코 이루어질 수 없다.

그런데 까마귀 역설은 이렇게 주장한다. 내가 마주치는 검은 까마귀뿐 아니라 하얀 구두도 "모든 까마귀는 검다"는 가설을 뒷받침한다. 어째서 그렇다는 것일까?

앞의 가설을 이렇게 고쳐 쓸 수 있다. "모든 x에 대해서 x가 까마귀라면 x는 검다." 논리식으로 표현하면 다음과 같다. Rx는 "x는 까마귀다", Sx는 "x는 검다"를 나타낸다.

$$\forall x\,(Rx \rightarrow Sx)$$

이 대목에서 우리는 논리적 함축의 기이한 특징과 다시 한 번 마주친다. 그 특징은 때때로 우리의 직관에 어긋난다. 대우 규칙(58쪽 참조)을 적용하면 위 논리식에서 화살표의 방향을 뒤집고 그 양편의 항을 부정할 수 있다. 예컨대 "내가 손가락을 불 속에 넣으면, 손가락이 불탄다"는 "손가락이 불타지 않으면, 나는 손가락을 불 속에 넣지 않는다"와 논리적으로 동치다. 따라서 앞의 논리식을 다음처럼 고쳐 적을 수 있다.

$$\forall x(\neg Sx \rightarrow \neg Rx)$$

이 논리식을 말로 풀면 "검지 않은 모든 것은 까마귀가 아니다"가 된다. 따라서 내가 검지 않으면서 까마귀가 아닌 대상, 이를테면 하얀 구두를 발견하면 그 대상은 위 가설을 뒷받침하는 증거다.

이 역설을 어떻게 해결할 수 있을까? 해결의 시도들을 크게 두 가지로 분류할 수 있다. 한 유형은 이 논리적 추론을 받아들이고 다른 유형은 받아들이지 않는다.

첫째 유형의 시도를 설명하기 위해 예를 하나 살펴보자. 주머니 안에 다양한 색깔의 플라스틱 동물 모형 20개가 들어 있다. 어떤 이유에선가 나는 모든 오리 모형은 노란색이라고 추측한다. 나는 모형들의 색깔 분포가 어떠한지, 오리 모형이 몇 개나 있는지 모른다. 그런 상태에서 나는 모형들을 하나씩 차례로 꺼낸다. 나는 이미 모형 18개를 꺼냈는데, 그중에 노란색 오리가 3개 있었고 다른 색 오리는 없었다. 따라서 나의 가설이 옳을 가망이 크다. 다음 번 꺼내기에서 노란색 오리가 나오면, 나의 가설은 더 강하게 뒷받침될 것이다. 하지만 파란색 암소(혹은 노란색 암소)가 나오더라도 나의 가설은 더 강하게 뒷받침될 것이다. 왜냐하면 이 경우에도 남은 모형들 중에서 노란색이 아닌 오리가 나올 확률이 줄어들기 때문이다. 내가 가설의 반례에 부딪히지 않으면서 세계의(이 예에서는 한눈에 굽어볼 수 있는) 대상들을 더 많이 분류할수록, 내 관찰은 가설을 더 강하게 뒷받침한다.

헴펠 본인의 견해도 이와 유사했다. 그는 다음과 같은 가설을 예로 들었다. "모든 나트륨염은 연소할 때 노란색 불꽃을 일으킨다." 이 가설은 "연소할 때 노란색 불꽃을 일으키지 않는 것은 나트륨염이 아니다"와 동치다. 내가 실험 삼아 고드름을 불속에 집어넣었더니 노란색 불꽃이 일어나기는커녕 고드름이 그냥 녹아버렸다고 해보자. 이 실험결과는 위 가설을 뒷받침할까? 헴펠은 그렇지 않다고 말한다. 하지만 다음과 같은 실험 결과는 어떨까? 내가 정체불명의 물질을 분젠버너의 불꽃 속에 넣었더니 파란색 불꽃이 일어났다. 이어서 화학적 분석을 해보니 그 물질은 나트륨염을 함유하지 않은 것으로 밝혀졌다. 헴펠에 따르면 이 실험 결과는 앞의 가설을 아주 잘 뒷받침한다.

까마귀와 구두가 등장하는 예에서도 마찬가지다. 다만, 검은 까마귀가 가설을 뒷받침하는 정도보다 하얀 구두가 가설을 뒷받침하는 정도가 훨씬 더 약할 뿐이다. 가설을 뒷받침하는 정도의 차이를 (확률에 관한 몇 가지 전제 아래에서) 계산하는 것도 가능하다. 여러 논리학자들이 그 계산 공식을 제시했다.

둘째 유형의 시도들은 논리적 함축이 가설의 내용에 대한 우리의 이해를 제대로 반영하지 못한다고 여긴다. 엄밀한 논리적 관점에서 따지면 "모든 까마귀는 검다"라는 명제는 까마귀가 존재하지 않을 경우에도 참이다. 그럴 경우에 그 명제는 "모든 유니콘은 희다"와 동치다. 이 명제는 전설의 유니콘이 실제로 발견되지 않는 한에서 참이니까 말이다. 그러나 "모든 까마귀는 검다"라는 가설의 의미는 이런 것이 아니다. 이 가설은 실제로 존재하는 새들에 대해서 어떤 주장을 제기한다. 그리고 모든 내용을 도외시하는 고전 논리는 이를 제대로 서술하지 못한다.

무더기 역설

'무더기 역설sorites paradox'(이 영어 명칭은 무더기를 뜻하는 그리스어 소로스soros에서 유래했다)은 고대에도 회자되었으며 어쩌면 제논에게서 유래했을 가능성이 있다. 역설의 내용은 이러하다. 모래알 백만 개가 모래 무더기 하나를 이룬다는 것에 동의하지 않을 사람은 없을 것이다. (여담인데, 큰 무더기를 이루지는 못한다. 모래알 백만 개는 모래 약 0.5리터에 해당한다.) 또한 모래 무더기에서 모래알 하나를 빼도 모래 무더기가 남는다는 것을 의심할 사람도 없을 것이다. 이제 모래알 백만 개로 된 무더기에서 모래알을 하나씩 차례로 빼자. 그러면 무더기는 계속 무더기로 남으면서 결국 모래알 하나만 남을 것이다. 하지만 이것은 말이 안 된다. 모래알 하나는 무더기가 아니지 않은가!

모래알 하나가 무더기라는 논리적 결론은 위의 두 가지 전제 아래에서는 완벽하게 옳다. n 이하의 모든 자연수가 특정한 속성을 가진다는 것을 증명하려면 일단 n이 그 속성을 가진다는 것을 증명하고, 이어서 만일 x가 그 속성을 가진다면 $x-1$도 그 속성을 가진다는 것을 증명하면 된다. 위 역설의 형식은 이 증명 방법과 정확히 같다.

이 역설에서 추론의 오류는 모래 무더기에서 모래알 하나를 빼도 모래 무더기가 남는다는 전제에 있다. 이 전제는 모래알 천만 개로 된 무더기에 대해서는 전적으로 옳겠지만 모래알의 개수가 줄어들수록 점점 더 의심스러워진다. 모래알 10개가 무더기라면, 모래알 9개도 무더기일까?

일상언어의 '무더기' 개념이 수학의 집합처럼 기능한다면, 즉 어떤 모래알 집단이든지 무더기이거나 그렇지 않거나 둘 중 하나라면, 무더기가 될 수 있는 모래알의 최소 개수가 존재해야 할 것이다. 그리고 그 개수의 모래알 집단에서 모래알 하나를 빼면, 모래 무더기가 남지 않을 것이다. 따라서 역설은 해소된다.

그러나 당연히 우리의 일상언어는 그런 식으로 작동하지 않는다. 많은 개념들은 경계가 불분명하다. 이를테면 일부 무더기들은 확실히 무더기지만, 우리는 작은 무더기들에는 '무더기'라는 속성을 제한적으로만 부여하고 특정 규모 이하의 집단은 '무더기'라고 부르기를 극구 꺼린다. 요컨대 일상언어가 서술하는 세계는 무더기와 비(非)무더기, 흑과 백으로 양분되지 않고, 양 극단 사이에 점진적 이행이 있다. 모래 무더기는 모래알 하나가 빠져나갈 때마다 '무더기'라는 속성에서 점점 더 멀어진다. 그리하여 사람들은 결국 모래알 하나가 남기보다 훨씬 더 전에 모래알 집단에서 '무더기'라는 속성을 박탈할 것이다.

우리 언어의 이 같은 불명확성을 감안하려 애쓰는 논리가 있다.

그 '퍼지 논리'에 대해서는 13장에서 논할 것이다.

배 역설

고대에도 알려져 있던 이 역설을 플루타르크는 이렇게 소개했다. "테세우스가 젊은이들과 함께 타고 갔다가 무사히 돌아온 배는 노가 30개 있는 갤리선galley이었는데, 아테네 사람들은 그 배를 팔레론의 데메트리오스의 시대까지 보존했다. 때때로 그들은 그 배에서 낡은 판자들을 떼어내고 온전한 새 판자들로 교체했다. 그리하여 그 배는 철학자들이 변화에 대해서 논쟁할 때 늘 지목하는 사례가 되었다. 일부 철학자들은 그 배가 과거와 똑같은 배라고 주장한 반면, 다른 철학자들은 과거와 다른 배라고 주장했다."

시간이 흐르면 사물들은 변화한다. 혹은 우리가 사물들을 변화시킨다. 우리는 어느 정도까지의 변화를 무시하고 사물을 원래와 동일한 사물로 간주할까? 철학자 토머스 홉스(1588~1679)는 이 질문을 다음과 같이 더 날카롭게 변형했다. 교체된 낡은 판자들을 버리지 않고 다른 장소에 모아두었다가 누군가가 그것들을 과거와 똑같이 조립하여 배를 만들면 어떻게 될까? 그러면 그 배와 새 판자들로 된 배 중에서 어느 것이 테세우스의 배일까?

영국 걸그룹 슈가베이비스Sugababes의 원래 멤버 세 명은 정확히 이 문제에 직면했다. 그들은 차례로 다른 멤버들로 교체되었다. 그후에 그들은 다시 모여 음반을 녹음하려 했는데, 법원은 그들이 '슈가베이비스'라는 이름을 사용하는 것을 금지했다. 그 이름은 순차적인 멤버 교체를 통해 새로운 3인조에게 넘어갔다는 것이 법원의 판단이었다.

배 역설의 예는 일상에도 풍부하게 있다. 강물은 시간이 조금만 지나도 과거의 강물이 아니지만(그래서 철학자 헤라클레이토스는 동일한 강에 두 번 들어갈 수 없다고 말했다), 강은 항상 동일한 강이다. 인체에서는 분자들뿐 아니라 개별 세포들도 끊임없이 교체된다. 심지어 우리가 오늘 보유한 뇌도 10년 전에 보유했던 뇌와는 물질적으로 전혀 다르다. 그럼에도 우리가 10년 전의 우리 자신과 오늘의 우리 자신이 동일한 사람이라고 말하는 것은 실용적인 이유 때문만은 아니다. 우리는 우리의 동일성이 과거에 우리 몸에 속했다가 떨어져 나간 수많은 부분들 안에 깃들어 있지 않고 온통 새롭게 바뀐 현재의 몸 안에 깃들어 있다는 강력한 주관적 확신을 가진다. 미래에 우리가 점점 더 많은 신체 부위를 인공물로 교체하게 되면, 이 문제는 더욱 첨예해질 것이다. 우리의 자기의식이 깃든 장소인 뇌의 부분들도 인공물로 교체되는 날이 언젠가는 올지도 모른다. 우리 뇌의 구조를 완벽하게 복사한 인공 회로를 제작하고 스위치를 켜면 어떤 일이 벌어질까? 우리 몸에 깃든 정신과 동일한 정신이 그 회로 안에서 깨어날까? 그래서 원래의 자아가 죽더라도, 그 회로 안에서 제2의 자아가 계속 살까? 다행히 이 질문들은 아직까지는 단지 이론적인 관심사로 머물러 있다.

배 역설을 최종적으로 해결하는 것은 불가능하다. 왜냐하면 이 역설은 정체성에 대한 개인의 생각과 얽혀 있기 때문이다. 미국 철학자 시어도어 사이더는 참으로 교묘한 해결책을 제안했다. 그는 4차원 세계를 고려한다. 네 개의 차원 가운데 세 개는 공간 차원이고 나머지 하나는 시간 차원이다. 특정한 시간 동안 특정한 공간을 차지하는 대상은 (아인슈타인의 물리적 시공과는 다른) 4차원 좌표계에서 연속적인 궤적을 그린다. 그 궤적이 단절되지 않는다면, 대상의 부분들이 교체되더라도 대상은 원래와 동일한 대상이다. 이 같은 사이더의 제안을 수용한다면, "테세우스의 배"라고 불릴 수 있는 것은 낡은 판자들로 다시 조립한 배가 아니라 새 판자들로 된 배다.

베리 역설

이 역설은 1908년에 버트런드 러셀에 의해 처음 언급되었다. 그는 옥스퍼드 대학교에서 일하는 베리G. G. Berry라는 사서가 이 역설의 창시자라고 밝혔다. 이 역설에는 다음과 같은 미지수가 등장한다. (이 역설의 원본은 영어이며 원서의 작가는 이를 독일어에 맞게 변형시켰다. 본서에서는 역자가 이를 다시 한국어의 특징에 맞게 고쳤다.—옮긴이)

> **스물아홉 글자 이상으로만 서술 가능한 자연수들 가운데 가장 작은 수**

역설의 배경에 깔린 생각은 이것이다. 한국어가 허용하는 글자의 개수는 유한하다. 따라서 스물아홉 글자 미만으로 만들 수 있는 조합의 개수도 유한하다. 그 조합들 가운데 자연수를 서술하는 조합은 극히 드물지만, 아예 없지는 않다. 예컨대 "주사위의 꼭짓점 개수"(8) "가장 작은 두 자리 소수"(11) "구골googol"(10^{100})이 그런 조합이다. 여러 조합들이 동일한 자연수를 서술하는 일도 얼마든지 가능하다. 하지만, 최대 스물여덟 글자로 서술할 수 있는 자연수들의 개수는 유한할 수밖에 없다. 그렇다면 그 나머지 자연수들(이 자연수들의 집합을 N이라고 하자) 중에서 가장 작은 수가 (이른바 '정렬 정리well-ordering theorem'에 따라서) 존재해야 한다. 그 수는 '스물아홉 글자 이상으로만 서술 가능한 자연수들 가운데 가장 작은 수'다. 그런데 이 작은따옴표 속 서술은 정확히 스물여덟 글자로 이루어졌다. 따라서 그 서술이 가리키는 수는 집합 N에 속할 수 없다. 그러므로 그 수를 집합 N에서 제거하고 나면, 그 집합의 새로운 최소 원소를 지목할 수 있을 텐데, 이제 그 원소는 위 서술로 표현되므로 역시 집합 N에 속할 수 없다. 이런 식으로 집합 N의 모든 원소를 차례로 제거하게 된다. 그리하여 결국 모든 자연수를 스물여덟 글자 이하로 서술할 수 있다는 역설적인 결론이 나온다.

우선 이 역설의 원본은 글자 개수가 아니라 단어 개수를 따진다는 점을 밝혀둘 필요가 있다. 그래서 영어에서는 역설이 뚜렷이 느껴지지만 독일어에서는 약간 덜 느껴진다. 왜냐하면 독일어에서는 적어도 100만까지의 자연수들을 한 단어로 적기 때문이다. 예컨대 독일어에서 346,721은 이렇게 적는다.

dreihundertvierundsechzigtausendsiebenhunderteinundzwanzig

따라서 100만까지의 모든 자연수를 한 단어로 서술할 수 있다는 것은 뻔한 얘기다. 하지만 더 큰 수, 이를테면 1,346,721은

eine Million dereihundertvierundsechzigtausend…

로 적어야 한다. 또한 단어들을 이어 붙여 새 단어를 만드는 것에 거의 제한이 없는 독일어에서도 이어 붙일 수 있는 단어의 개수는 유한하다. (나는 확실성을 기하기 위해 어느 언어학자에게 문의했는데, 그녀도 독일어 단어의 개수가 유한하다고 확인해주었다.) 따라서 베리 역설의 원본은 독일어에도 적용된다.

다시 한국어로 돌아와서, 가능한 한국어 글자 개수가 1만 개라고 가정하자. 그렇다면 스물여덟 글자 이하로 만들 수 있는 조합(문자열)의 개수는 10000^{29}, 곧 10^{116}이다. 이 수는 상상할 수 없을 만큼(우주에 있는 원자들의 개수보다 훨씬 더) 크다. 그렇지만 이토록 많은 문자열 가운데 절대다수는 무의미할 테고, 나머지의 절대다수는 자연수를 서술하지 않을 것이다. 그러나 아무튼 그 모든 문자열 10^{116}개를 원소로 가진 거대한 집합을 구성할 수 있고, 스물

여덟 글자 이하로 만들 수 있는 문자열 가운데 자연수를 서술하는 것은 모두 그 집합의 원소라는 점이 중요하다.

그 집합은 '스물아홉 글자 이상으로만 서술 가능한 자연수들 가운데 가장 작은 수'도 원소로 가질 것이다. 이 문자열은 어떤 수에 대응할까? 곰곰이 생각해보면, 문자열과 수 사이에 명확한 대응 관계가 성립한다는 생각 자체가 오류라는 것을 알 수 있다. 한국어 문자열을 정의역으로 하고 자연수를 공역으로 하는 '함수'는 정의되어 있지 않으며 정의할 수도 없다. 그럼에도 베리 역설은 매우 아름다우며, 형식적이고 수학적인 언어로 바꿔 표현하면 그 유명한 괴델의 불완전성 정리의 증명을 위한 열쇠로 활용할 수 있다. 이 부분은 다음 장에서 자세히 다룰 것이다.

베리 역설의 멋진 친척으로 '흥미로운 수 역설'이 있다. 많은 수들은 흥미롭다. 아주 큰 수들 중에서도 흥미로운 수가 많다. 어떤 수들은 얼핏 보면 흥미롭지 않다. 예컨대 33,550,336이 그러한데, 이 수는 다섯 번째 완전수(자신을 제외한 약수들의 합과 동일한 수)다.* 하지만 아무리 수를 좋아하는 사람이라도 모든 수가 흥미롭지는 않다고 인정할 것이 틀림없다. 즉, 흥미롭지 않은 수들이 있을 텐데, 그렇다면 이번에도 정렬 정리에 따라서 흥미롭지 않은 수들 가운데 가장 작은 수가 존재할 것이다. 그런데, 한번 생각해보자. '흥미롭지 않은 수들 가운데 가장 작은 수'라고? 그 수는 확

---

* 이 수보다 작은 완전수 네 개는 6, 28, 496, 8128이다.

실히 흥미롭다!

봉투 역설

이 역설은 엄밀히 말하면 논리적이라기보다 수학적이다. '기댓값'이라는 개념을 모르는 독자는 어쩌면 이 역설이 왜 역설인지조차 이해하기 어려울지 모른다.

상황은 텔레비전 퀴즈 쇼다. 우승한 출연자가 상금을 받는다. 진행자가 출연자에게 편지봉투 두 개를 보여주면서 한 봉투에 든 금액이 다른 봉투에 든 금액의 두 배라고 말한다. 출연자가 한 봉투를 열어보니 100유로가 들어 있다. 이제 진행자가 묻는다. "자, 다시 한 번 선택할 기회를 드리겠습니다. 이 봉투를 가지시겠습니까, 아니면 다른 봉투를 가지시겠습니까?"

출연자는 이렇게 생각한다. 내가 이 봉투를 가지면 100유로를 얻는다. 내가 다른 봉투를 가지면, 각각 50퍼센트의 확률로 200유로나 50유로를 얻는다. 즉, 평균적으로 125유로를 얻는다. 125유로면 지금 내가 쥔 100유로보다 더 많다. 봉투를 바꾸자!

그런데 이런 식으로 봉투 바꾸기가 항상 이득이라면, 출연자는 봉투를 열어보기 전에 바꿔도 될 것이다. 게다가 그렇게 바꾼 봉투를 또 바꿔도 이득이 되지 않을까?

출연자의 생각은 중요한 수학적 오류를 포함하고 있다. 즉, 아직 열어보지 않은 봉투 속에 50유로가 들어 있을 확률과 200유로가 들어 있을 확률이 똑같이 50퍼센트라는 전제를 단순히 일반화하는 것은 오류다. 봉투 속에 0유로부터 무한대 유로까지의 모든 금액 각각이 들어 있을 확률이 동일할 수는 없다. 따라서 출연자는 특정한 확률분포를 전제해야 한다. 퀴즈 쇼의 상금은 방송국이 감당할 수 있는 한도 안에서 정해진다(물론 요새 텔레비전 퀴즈 쇼의 예산은 200유로보다 훨씬 더 크지만). 금액이 상금의 상한선에 접근할수록, 봉투 속에 그 금액이 들어 있을 확률은 낮아진다. 거꾸로 우승 상금으로 2유로 정도의 푼돈을 주는 퀴즈 쇼도 상상하기 어렵다. 따라서 봉투 속에 아주 낮은 금액이 들어 있을 확률도 낮다. 이런 식으로 적당한 확률분포를 전제한 다음에야 비로소 출연자는 자신이 얻을 가망이 있는 금액들을 계산하고 봉투 바꾸기를 선택할지 여부를 결정할 수 있다. 구체적인 계산은 이 책의 범위를 벗어나므로 생략하겠다.

아킬레스 역설

엘레아의 제논이 제시한 역설들 중에서 아마도 가장 유명한 역설이다. 이야기의 주인공은 위대한 아킬레스와 보잘것없는 거북이다. 트로이 전쟁의 영웅 아킬레스와 거북이 경주를 하기로 한다. 그런데 아킬레스가 훨씬 더 빠르기 때문에, 거북이 어느 정도 앞선 위치에서 출발하기로 합의한다. 이제 경주가 시작되는데, 제논의 주장에 따르면 아킬레스는 거북을 절대로 따라잡을 수 없다.

그 이유는 이러하다. 아킬레스가 거북의 출발 위치까지 가면, 거북은 이미 어느 정도 달려가서 앞선 위치에 있다. 다시 아킬레스가 그 위치까지 가면, 거북은 또 다시 어느 정도 앞선 위치에 있다. 이런 일이 계속 반복된다. 물론 거북과 아킬레스 사이의 거리는 점점 더 줄어들지만, 영웅이 거북의 출발 위치까지 가는 동안 거북이 더 앞선 위치로 이동하는 상황이 항상 벌어진다. 따라서 영웅은 거북을 따라잡지 못한다.

오늘날 이 역설 앞에서 당황할 사람은 그리 많지 않다. 구체적인 예를 들어 계산해보자. 아킬레스의 속도가 초속 10미터라고 가정하자. 이 정도면 훌륭한 100미터 선수 수준이다. 반면에 거북의 속도는 초속 10센티미터라고 하자. 이런 현격한 속도 차이를 감안하여 거북이 100미터 앞선 위치에서 출발한다.

경주가 시작되고 10초가 지나면 아킬레스는 거북의 출발점에 도달하는데, 이때 거북은 1미터 이동하여 (아킬레스의 출발점을 기준으로) 101미터 지점에 있다. 아킬레스가 그 1미터를 주파하는 데 걸리는 시간은 0.1초이며, 그동안 거북은 1센티미터 전진한다. 그 1센티미터를 아킬레스는 다음 0.001초에 주파하고, 그동안 거북은 아주 조금 전진한다. 이런 일이 계속 반복된다. 이때 구간들 각각에서 소모되는 시간을 전부 합하면 다음과 같다.

$$10 + 0.1 + 0.001 + 0.00001 + \cdots = 10.101010101\cdots\text{초}$$

그리고 아킬레스가 거북을 따라잡는 위치는 100미터 지점보다 약간 앞선 곳이다. 그 위치를 다음과 같이 계산할 수 있다.

$$100 + 1 + 0.01 + 0.0001 + \cdots = 101.01010\cdots \text{미터}$$

오늘날 우리는 미적분학을 알기 때문에 이런 계산을 아무 어려움 없이 해낸다. 미적분학은 무한히 많은 수들을 덧셈한 결과로 유한한 값이 나오는 것을 허용한다. 미적분학은 17세기에 발명되었다. 고대 그리스인들에게는 무한히 많은 수들을 덧셈한 결과로 유한한 값이 나온다는 생각이 별로 그럴싸하지 않았다.

아무튼 아킬레스는 이 역설을 고민하느라 지체하지 말아야 한다. 매 구간에서 그가 거북의 출발 위치에 도달할 때마다 100만분의 1초라도 머뭇거린다면, 정말로 그는 영원히 거북을 따라잡지 못할 것이다.

전능자 역설

안셀무스의 신 존재 증명과 마찬가지로 이 역설도 종교적 논쟁에 논리적으로 개입하려는 시도의 한 예다. 경험에 비춰볼 때, 논리는 종교 문제에 큰 도움이 되지 않지만 말이다. 이 역설을 제시하는 사람의 의도는 신의 존재가 아니라 비존재를 증명하는 것이다. 정확히 말하면, 전능한 신이 존재하지 않음을 증명하는 것이 목표다. 전능자 역설을 다음 질문으로 요약할 수 있다. 만일 신이 전능하다면, 신은 스스로 들 수 없는 돌을 창조할 수 있을까?

이 역설의 구조는 "자기 자신을 원소로 가지지 않은 모든 집합들의 집합"을 강하게 연상시킨다(172쪽 참조). 이 역설을 논리적으로 형식화하면 다음과 같다. 우리의 논의에서 완벽한 형식화는 불필요하므로, 필요한 만큼만 형식화하겠다.

1. 모든 돌 x에 대해서, a는 x를 들 수 있다.
2. 모든 존재 y에 대해서, a는 y가 들 수 없는 돌 x를 창조할 수 있다.*

이제 버트런드 러셀이 했던 것과 똑같이 문장 2의 y에 a를 대입하자.

문장 1에 따르면, a는 x를 들 수 있다.
문장 2에 따르면, a는 x를 들 수 없다.

요컨대 전제들로부터 한 문장과 그것의 부정이 도출된다. 따라서 순수한 논리의 관점에서 다음 결론을 즉각 내릴 수 있다. 모순적인 전제들에서는 무엇이든지 도출할 수 있으므로, 그런 전제들

* 문장 2는 전능한 존재가 단 하나만 있을 수 있음을 명확하게 보여준다. 실제로 전능한 신은 오직 일신교에만 있다. 다신교의 신들은 불완전하며 심지어 서로 싸우기까지 한다.

은 허용할 수 없다. 그렇다면, 러셀의 이율배반이 집합론을 위태롭게 만든 것처럼 이 역설이 신학을 위태롭게 만든다는 뜻일까?

거의 그렇지 않다. 신학자들과 철학자들은 수천 년 동안 이 문제를 논의하고 다양한 해결책들을 내놓았다. 궁극적인 물음은 전능한 신이 논리적으로 불가능한 것을 해낼 수 있느냐는 것이다. 앞의 역설에 등장하는 돌을 창조하는 과제 대신에 네모난 삼각형이나 4로 나누어떨어지는 소수를 창조하는 과제를 신에게 부여할 수도 있을 것이다. 개인적으로 나는 골수 스콜라 철학자들의 답변, 즉 '애당초 논리를 창조한 신은 당연히 논리를 무시할 수도 있다. 신은 스스로 들 수 없는 돌도 창조할 수 있다'라는 답변이 가장 마음에 든다.

처형 역설

아직 사형 제도가 있는 나라에서 한 살인범이 유죄 판결을 받는다. 판사가 말한다. "사형은 월요일부터 토요일까지 중에 한 날 정오에 집행될 것입니다. 그러나 사형수는 집행일 아침에 집행인이 호출할 때에야 깜짝 놀라면서 오늘이 집행일이라는 것을 알게 될 것입니다." 사형수가 항의한다. "제가 월요일부터 금요일까지 조바심을 내며 기다리는데 아무 일도 일어나지 않으면 어떻게 되죠? 그럼 토요일이 집행일일 수밖에 없잖아요. 그러니까 저는 토요일 아침에 호출을 받아도 놀라지 않을 테고요. 따라서 토요일은 집행일일 수 없고, 최대한 늦은 집행일은 금요일이에요. 그런데 금요일 아침에 호출을 받더라도 저는 이미 예상했을 테니까 놀라지 않을 거예요. 따라서 최대한 늦은 집행일은 목요일일 텐데….”

이런 식으로 월요일까지 추론이 계속된다. 요컨대 집행인의 호출이 월요일 아침에 이루어지더라도 사형수는 놀라지 않을 것이다. “결론적으로 저는 사형될 수 없습니다!”라고 결론 내린 사형수는 감방에서 편안하게 지낸다. 그러다가 수요일 아침에 청천벽력 같은 집행인의 호출을 받는다.

여기까지가 역설의 내용이다. 사형수는 무언가 추론 오류를 범한 것이 분명하다. 과연 어떤 오류일까? 판사의 말은 두 개의 명제로 이루어졌다.

1. 사형은 6일 가운데 한 날에 집행될 것이다.
2. 집행일에 이루어질 호출은 사형수를 놀라게 할 것이다.

맨 처음 논리적 추론은 옳다. 즉, 이 명제들이 둘 다 참일 수는 없다. 실제로 집행일이 토요일이라면, 사형수는 놀라지 않을 것이다.

요컨대 앞의 두 명제를 앤드and로 연결한 ‘1 앤드 2’는 거짓이다. 그런데 이 책에서 여러 번 언급했듯이, 거짓 전제에서는 어떤 결론이라도 도출할 수 있다. 그럼에도 사형수는 명제 1이 거짓이며 자신은 처형될 수 없다는 근거 없는 결론을 도출한다. 이 결론은 도리어 판사의 말을 최소한 주관적으로 옳게 만든다. 착각에 빠진 사형수는 토요일 아침에 집행인의 호출을 받더라도 깜짝 놀랄 테니까 말이다.

화살 역설

이 유명한 역설도 고대 그리스의 제논에게서 유래했다. 아킬레스 역설의 핵심이 공간을 무한히 작은 부분들로 나누는 것이었다면, 이 역설에서 제논은 시간을 가지고 그와 유사한 조작을 한다. 공중으로 날아가는 화살을 생각해보자. 매순간 화살은 특정한 위치에 있다. 그 순간 그 위치에서 화살은 움직이지 않고 멈춰 있다. 그런데 화살이 그렇게 매순간 멈춰 있다면, 어떻게 전체적으로 화살이 움직일 수 있겠는가? 따라서 운동은 환상이라고 제논은 주장한다. 고대에 영화가 있었다면 이 역설을 더 생생하게 제시할 수 있었을 것이다. 날아가는 화살을 영화로 촬영하면, 초당 25장에서 30장 찍힌 정지화면들이 산출된다. 개별화면 각각에서 화살은 실제로 멈춰 있다. 운동은 단지 우리의 머릿속에서 발생한다. 이 역설에 따르면, 현실 역시 정지화면들로 이루어진 일종의 "영화"다. 물론 제논은 현실의 '프레임 속도frame rate'(초당 프레임 개수—옮긴이)에 대해서는 아무 말도 하지 않았지만 말이다.

아킬레스 역설에서는 경주로를 무한히 많은 (길이가 점점 더 짧아지는) 구간들로 나눈 반면, 이 역설에서 제논은 화살의 비행시간을 순간들로 분해한다. 그리고 그의 논증에서 명확히 드러나듯이, 그 순간들은 길이가 없다. 그렇다면 그 순간들을 모두 합하더라도 길이가 있는 시간이 만들어질까?

이 역설의 해법도 라이프니츠와 뉴턴이 개발한 미적분학에서 얻을 수 있다. 미적분학을 이용하면 속도를 일정한 시간 간격에 국한해서만 (화살의 처음 위치와 마지막 위치 사이의 거리를 측정하고 그것을 비행시간으로 나누는 방식으로) 정의할 필요가 없다. 우리는 시간 간격을 점점 더 줄이면서 속도들의 수열이 어떻게 진행하는지 고찰함으로써 그 수열의 극한값을 계산할 수 있다. 그 극한값은 특정한 순간에 화살의 속도다. 즉, 특정한 순간에 화살의 위치는 고정되어 있더라도 화살의 속도는 0이 아닐 수 있다.

이것은 고전물리학이 화살 역설을 해결하는 방식이다. 그러나 더 나중에 등장한 양자물리학은 제논의 논증이 일리가 있음을 인정하지 않을 수 없다. 왜냐하면 하이젠베르크의 불확정성 원리에 따르면, 내가 물리적 입자(혹은 큼직한 대상)의 위치를 정확히 측정할수록 그것의 속도는 더 불확실해지기 때문이다. 나는 측정(혹은 관찰)을 통해 대상에 영향을 미친다. 따라서 오늘날 물리학자들은 불안정한 입자에서 나타나는 '양자 제논 효과quantum zeno effect'를 거론하기도 한다. 불안정한 입자는 일반적으로 특정한 시간 안에 특정한 확률로 붕괴한다. 그런데 내가 그 입자를 계속 관찰하면 붕괴가 일어나지 않는다. 제논의 화살 역설에서처럼, 사람이 지나치게 많이 관찰하면 실재가 '동결하는' 것이다.

10장

이 제목은 자기 자신을 지칭한다

- 거짓말쟁이 섬의 염소 문제

거짓말쟁이 섬 멘다치노에도(7장 참조) 텔레비전 방송국이 있다. 기억하겠지만, 이 섬에는 두 가지 유형의 사람들이 산다. 외모는 구별되지 않지만, 한 유형은 항상 참말을 하고 다른 유형은 항상 거짓말을 한다. 우리는 전자를 "참말쟁이", 후자를 "거짓말쟁이"로 부른다.

'멘다치노 TV', 약자로 MTV는 종합편성 채널이다. 뉴스, 연속극, 쇼, 스포츠를 방송한다. 과거에 방송국이 프로그램 진행자 역할을 참말쟁이에게만 맡기기로 결정했을 때, 작은 반발이 일어난 적이 있다. 거짓말쟁이들은 처음에 노골적인 차별에 항의했지만, 텔레비전에서 나오는 모든 문장을 우선 머릿속에서 부정한 다음에 이해하는 것은 힘든 일이라는 점을 이내 인정했다. 대신에 방

1 2 3
1 2 3

송국은 거짓말쟁이들을 위해 무대 뒤의 일자리를 충분히 많이 창출했다.

멘다치노 섬의 생활에 대해서 몇 마디 보탤 필요가 있을 것 같다. 그 섬의 모든 사람은 동료 주민들 중에 누가 거짓말쟁이고 누가 참말쟁인지를 사실상 훤히 안다. 혹시 어떤 유형인지 모르는 주민과 마주치면, "2 더하기 2는 4입니까?" 같은 시험용 질문을 던져서 그가 어떤 유형인지 단박에 알아낼 수 있다. 또한 당연한 말이지만, 거짓말쟁이의 모든 발언이 거짓말인 것은 아니다. 거짓말쟁이도 정육점에 가서 "삼겹살 한 근 주세요!"라고 말할 수 있다. 거짓말쟁이도 거리에서 "안녕하세요!"라고 인사하고 식당에서 "설탕 좀 주시겠어요?" 하고 부탁한다. 오직 실제로 참이거나 거짓인 문장을 말할 때만, 거짓말쟁이는 어김없이 거짓말을 한다.

MTV의 최고 인기 프로그램은 퀴즈 쇼 〈상품왕〉이다. 프로그램의 절정은 우승한 출연자가 두 개나 세 개의 문 앞에 서는 대목이다. 출연자는 문 하나를 선택해야 한다. 그런데 푸짐한 상품은 한 문 너머에만 있다. 운 나쁘게 다른 문을 선택한 출연자는 "매애애애" 하고 우는 염소와 마주치게 된다. 프로그램 제작진의 목표는 당연히 출연자를 유인하여 틀린 문을 선택하게 함으로써 청중과 시청자의 웃음을 유발하는 것이다.

눈치 챈 독자도 있겠지만, 지금 우리가 다루려는 것은 유명한 '몬티 홀 문제Monty Hall problem'(다른 명칭은 '염소 문제')의 새로운 변형이다.* 하지만 몬티 홀 문제는 확률을 계산하는 수학 문제인 반면, 우리의 MTV 쇼에서는 순수한 논리적 판단이 관건이다. 그리고 그 판단에서는 당연히 멘다치노 사람들의 특별한 행태가 중요한 역할을 한다.

〈상품왕〉의 진행자는 모든 멘다치노 사람들이 좋아하는 밥시 쉰발트다. 모든 진행자가 그렇듯이, 그녀는 참말쟁이다. 밥시를 돕는 보조진행자 한스와 프란츠도 스타의 반열에 든다. 한스는 큰 키에 마른 체형인 참말쟁이, 프란츠는 키가 작고 통통한 거짓말쟁이다. 프로그램의 묘미는 (어느 문 너머에 상품이 있고 어느 문 너머에 염소가 있는지 아는) 한스와 프란츠가 출연자에게 알쏭달쏭한 조언을 해주는 것에 있다. 그들은 문에 안내판을 달아두는 방식으로 조언을 한다. 각각의 안내판에는 한 문장이 적혀 있다. 당연히 한스와 프란츠는 각자의 유형에 맞게 행동한다. 즉, 한스가 설치한 안내판에 진위를 가릴 수 있는 명제가 적혀 있다면, 그 명제는 참이다. 반대로 프란츠가 설치한 안내판의 명제는 거짓이다. 물론 출연자는 누가 어느 안내판을 설치했는지 모른다.

오늘의 출연자는 섬 남부의 한 마을에서 온 성실한 참말쟁이 베

---

* 몬티 홀 문제에서 출연자는 세 개의 문 가운데 하나를 선택해야 한다. 그가 한 문을 선택하고 나면, 진행자가 남은 두 문 가운데 하나를 열어 그 너머에 염소가 있음을 보여준다. 그런 다음에 진행자는 출연자에게 선택을 바꿀 기회를 제공한다. 출연자는 처음 선택을 유지해야 할까, 아니면 생각을 바꿔서 남아 있는 세 번째 문을 선택해야 할까? 실제로 세 번째 문을 선택하는 것이 더 유리하다. 그러나 이 정답을 믿지 못하는 사람들도 꽤 있어서, 오로지 이 문제 하나를 다루는 책만 해도 여러 권이 나왔다. 예컨대 게로 폰 란도브Gero von Randow의 『염소 문제*Das Ziegenproblem*』가 그런 책이다.

른트 바이스브로트다. 그는 갖가지 퀴즈를 성공적으로 풀고 우승자가 되어 상품왕에 도전한다. "바이스브로트 씨, 우승을 축하드립니다!" 금발의 밥시 쉰발트가 꾀꼬리처럼 청아하게 말한다. "이제 푸짐한 상품을 받으시려면 마지막 문제 두 개를 풀어야 하는데요. 첫째 문제의 상품은 47인치 LCD 텔레비전입니다. 당연히 인터넷 연결이 가능하고 초고화질이죠. 저희 프로그램을 도와주시는 MC전자회사의 최신제품입니다." 늘 그렇듯이 진행자는 협찬사가 어디인지를 특히 강조한다. "텔레비전은 두 문 가운데 한 문 너머에 있습니다. 당연히 이번에도 한스와 프란츠가 문들에 안내판을 설치했고요. 자, 이제 선택의 순간입니다!"

무대 한 쪽을 가렸던 커튼이 걷힌다.

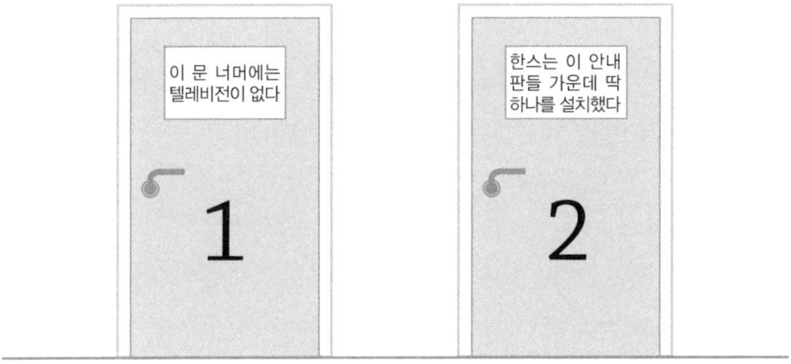

청중이 웅성거린다. 이번에도 얽히고설킨 논리 수수께끼로군! 바이스브로트의 이마에 땀방울이 맺히지만, 그는 미동도 하지 않는다. 지금 종이와 연필을 가지고 가능한 진릿값들을 모두 나열한 진리표를 작성할 수 있으면 얼마나 좋을까!

하지만 어쩌겠는가, 이가 없으면 잇몸으로 씹어야지, 하고 그는 생각한다. 한스가 2번 문의 안내판을 설치했다고 가정하자. 그러면 그 안내판의 명제는 참이다. 즉, 한스는 딱 하나의 안내판, 2번 문의 안내판을 설치했다. 따라서 1번 문의 안내판은 프란츠가 설치한 것이다. 그런데 프란츠는 거짓말쟁이다. 따라서 그 안내판의 명제는 거짓이다. 그러므로 텔레비전은 1번 문 너머에 있다!

"1번 문!"이라는 외침이 턱까지 차오른 순간, 바이스브로트는 만전을 기하기 위해 다른 가능성을 고려해보기로 한다. 프란츠가 2번 문의 안내판을 설치했다고 가정하면 어떻게 되지? 그러면 그 안내판의 명제는 거짓이고, 따라서 한스는 딱 하나의 안내판을 설치하지 않았다. 그런데 한스가 두 개의 안내판을 설치했을 수는 없다(왜냐하면 프란츠가 2번 문의 안내판을 설치했다는 것이 애당초 가정이므로). 따라서 한스는 안내판을 하나도 설치하지 않았다. 즉, 1번 문의 안내판도 프란츠가 설치했다. 따라서 그는 방금 전 추론에서와 동일한 결론에 이른다. 그러므로 두 추론을 종합하여 이렇게 결론내릴 수 있다. 2번 문의 안내판을 누가 설치했는지는 모르겠지만, 누가 설치했든 간에 1번 문 너머에 텔레비전이 있다는 것은 확실하다!

"1번 문을 선택하겠습니다." 베른트 바이스브로트가 단호하게 말한다. 청중은 숨을 죽이고, 밥시 쇤발트가 문으로 다가간다. 잠시 멈춰 섰다가 바이스브로트를 바라보며 윙크한다. "자, 어디 한

번 볼까요?" 그녀가 1번 문을 힘차게 열어젖힌다. 박수 소리, 안도하는 바이스브로트의 얼굴, 느닷없이 시작되는 MC전자회사의 광고.

광고가 끝나자 〈상품왕〉의 타이틀 음악이 나오면서 집중 조명 세 개가 출연자, 진행자, 커튼을 비춘다. 광고가 나가는 동안 커튼 뒤에서 몇 가지 작업이 이루어졌다. 새로운 상품과 염소가 배치되었고, 한스와 프란츠는 새 안내판들을 설치했다. "이번에는 그야말로 일생일대의 선택입니다!" 밥시 쇤발트가 재잘거린다. "바이스브로트 씨는 이미 상품을 받으셨지만, 그것과는 비교할 수도 없는 엄청난 상품이 기다리고 있어요. 자그마치 자동차입니다. 보르크만 200 SE, 가죽 시트에 내장형 내비게이션, 기타 온갖 옵션까지 몽땅." 짧은 광고가 이어진 후, 화면에 베른트 바이스브로트의 모습이 나타난다. "바이스브로트 씨, 선택의 순간입니다."

작은북 소리가 깔리고 커튼이 걷힌다. 베른트의 눈앞에 이번에도 두 개의 문이 나타난다.

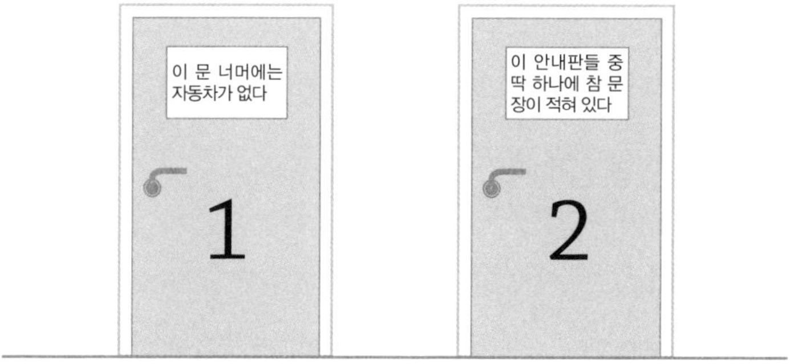

이게 뭐지? 아까와 똑같은 문제 같은데, 라고 베르트는 생각한다. 1번 문에 설치된 문장은 사실상 앞선 문제에서와 똑같고, 2번 문에 설치된 문장도 앞선 문제에서와 매우 유사한 듯하다. 하지만 틀림없이 함정이 있을 것이다.

상품 생각에 흥분은 더 심해졌지만 베르트는 이번에도 용케 침착함을 유지하면서 논리적으로 숙고한다. 2번 문의 안내판을 한스가 설치했다고, 즉 거기에 적힌 문장이 참이라고 가정해보자. 그러면 1번 문의 문장은 거짓일 수밖에 없다. 다시 말해 1번 문의 안내판은 프란츠가 설치한 것이다. 그리고 자동차는 1번 문 너머에 있다.

문제가 풀렸다는 느낌이 들지만, 이번에도 베르트는 속단을 삼가고 반대 가능성을 고려한다. 2번 문의 안내판을 프란츠가 설치했다면 어떻게 될까? 그러면 거기에 적힌 문장은 거짓이다. 즉, 안내판들에는 딱 하나의 참 문장이 적혀 있지 않다. 그렇다면 1번 문의 문장도 거짓일 수밖에 없다. 다시 말해 1번 문의 안내판도 프란츠가 설치한 것이다. 그리고 자동차는 1번 문 너머에 있다!

베르트 바이스브로트의 입가에 미소가 떠오른다. 자동차는 내 것이다! 그는 뛰듯이 자리에서 일어나더니 진행자의 역할을 무시하고 문으로 달려가 1번 문을 열어젖힌다. 기다리던 염소가 그를 빤히 쳐다보며 "매애애애" 운다.

"어? 이럴 수가! 이건 말이 안 되는데…" 바이스브로트 씨가 더듬더듬 중얼거린다. "내 논리는 완벽했어. 1번 문 너머에 자동차가 있어야 한다고. 이건 사기야! 날 속이는 거라고!"

그러나 연출자는 벌써 프로그램을 마무리하기 시작한다. 음악이 점점 커지고, 카메라는 유쾌하게 웃는 밥시 쇤발트를 비추고, 그녀는 다음 시간을 기약하며 작별 인사를 한다. 배경에서 한스가 나타나 여전히 분이 풀리지 않은 출연자를 최대한 부드럽게 구슬려 무대 아래로 데려가는 모습이 보인다. 그 곁에서 프란츠는 바이스브로트 씨에게 곱지 않은 눈길을 보낸다.

진리와 증명 가능성

베르트 바이스브로트는 대체 어떤 오류를 범한 것일까? 그의 논리적 오류는 무엇일까? 함정은 2번 문에 설치된 문장 "이 안내판들 중 딱 하나에 참 문장이 적혀 있다"에 숨어 있다. 이 문장은 자기 자신을 지칭한다(혹은 언급한다). 즉, 이 문장은(다른 자기 지칭 방식들도 얼마든지 있지만, 특히 이 경우에는) 자기 자신의 진릿값에 대해서 진술한다. 자기 지칭 문장은 논리에서 문제를 일으키며, 그런 문장을 탐구하는 일은 말장난에 불과하지 않다. 자기 지칭 문장은 20세기에 수학을 최소한 두 번 뒤흔들었다. 한 번은 1903년에 러셀의 이율배반에서였다. 그 이율배반은 집합을 "순박하게" 구성하면 안 된다는 것을 보여주었다(172쪽 참조). 그리고 수학자들이 이론을 "수선하여" 그런 모순들을 제거하는 작업을 막 마친 1931년, 쿠르트 괴델이 나타나 다시금 자기 지칭 문장을 이용하여 충격적인 진실을 증명했다. 즉, 확고한 토대 위에 선 수학으로 모든 문장을 증명하거나 반증할 수 있다는 희망은 착각이라는 것을 보여주었다.

이 장에서 나는 아마도 20세기 수학에서 가장 큰 성취인 괴델의 깨달음을 이해하는 방법을 설명하려 한다. 이것이 대단히 버거운 과제라는 것을 나는 안다. 그러니 당신도 안전벨트를 단단히 매기 바란다. 우리는 지금 논리의 봉우리를 오르려는 참이다!

하지만 우선 아주 간단한 말놀이를 출발점으로 삼자. 앞선 장들을 읽은 독자는 이발사 역설을 잘 알 것이다. 그 역설에서 마을과 면도를 비롯한 온갖 비유를 제거했을 때 남는 핵심은, 누군가가 자신은 지금 거짓말을 한다고 주장하는 것이다. 혹은 더 줄이면, 한 문장이 자신은 거짓이라고 주장하는 것이다.

이 문장은 거짓이다.

논리 기호로 표현하면, 이 문장이 말하는 바는 다음과 같다(A는 앞의 문장을 가리킨다).

$$A \leftrightarrow \neg A$$

A 문장이 참이면 A 문장은 거짓이고, A 문장이 거짓이면 A 문장은 참이다. 서로를 지칭하는 문장 두 개로 순환 고리를 만들면

역설을 외견상 약간 희석할 수 있다. 예컨대 명함의 한 면이 다음과 같다고 해보자.

반대편 문장은 참이다.

명함을 뒤집으면 이런 면이 나타난다.

반대편 문장은 거짓이다.

명함 양면의 문장들이 말하는 바를 논리식으로 표현하면 다음과 같다(첫째 면의 문장을 A, 둘째 면의 문장을 B라고 하자).

$$A \leftrightarrow B$$

$$B \leftrightarrow \neg A$$

보다시피 이번에도 A와 $\neg A$가 동치라는 얘기다. 다만, 그 동치 관계를 문장 B가 매개한다는 점만 새롭다. B를 출발점에 놓고 함축 관계들을 따져보면 알 수 있듯이, B도 $\neg B$와 동치다.

이 문장들은 한 가지 공통점이 있다. 즉, 이것들은 객관적 실재에 대해서는 아무것도 진술하지 않고 오직 자기 자신의 진릿값에 대해서만 진술한다. 그리고 그 진릿값은 그 진술에 의해서 비로소 결정된다. 바로 이 대목에서 제 꼬리를 문 뱀과 같은 순환 구조가 발생한다. 이 책에 나오는 예들 중 다수는 논리학자 레이먼드 스멀리언이 원작자인데, 그는 객관적 사태를 언급하는 문장을 '기반이 튼튼한well-grounded' 문장이라고 부른다. 예컨대 "한스는 이 안내판들 중에서 딱 하나를 설치했다"는 기반이 튼튼한 문장이다. 왜냐하면 이 문장은 과거 사건을 언급하고, 그 사건은 일어났거나 안 일어났거나 둘 중 하나이기 때문이다. 반면에 "이 안내판들 중 딱 하나에 참 문장이 적혀 있다"는 (설령 이 안내판들 중 나머지 하나에 적힌 문장이 기반이 튼튼하다 하더라도) 기반이 튼튼한 문장이 아니다.

기반이 튼튼하지 않은 문장이 반드시 모순적인 논리적 순환을 일으키는 것은 아니다. 방금 본 〈상품왕〉의 두 번째 문제에서는 안내판들을 논리적으로 모순 없이 해석하는 것이 가능하다. 실제로 바이스브로트 씨가 그렇게 해석했다. 즉, 자동차는 1번 문 너머에 있고, 1번 문의 안내판은 프란츠가 설치했고 따라서 거짓 문장이 적혀 있다고 말이다. 그렇다면 2번 문의 안내판은 한스가 설치한 것이거나 프란츠가 설치한 것일 수 있다. 즉 2번 문의 문장은 참이거나 거짓일 수 있다.

그러나 만일 한스가 1번 문의 안내판을 설치했다면, 즉 자동차가 2번 문 너머에 있다면 어떻게 될까? 이 경우에 2번 문의 문장은 만일 거짓이라면 참이고, 참이라면 거짓이다. 이 대목에서, 예리한 독자는 이렇게 물을지도 모른다. 그런 괴상한 안내판을 대체 누가 설치할 수 있다는 말인가? 우리의 이야기에 나오는 조건들을 어느 정도 융통성 있게 해석하면, 한스도 설치할 수 있고 프란츠도 설치할 수 있다고 나는 주장한다. 융통성 있게 해석한다 함은 '한스의 진술은 그 진릿값이 결정 가능할decidable 경우에는 항상 참이다'라고 해석한다는 뜻이다. 참말쟁이 한스는 참인 문장뿐 아니라 결정 가능하지 않은 온갖 말을 발설할 수 있다. 예컨대 "안녕하세요!" 또는 "커피 있어요?"라고 말할 수 있다. 또한 역설적인 문장들도 말할 수 있다. 프란츠도 마찬가지다. 그는 거짓말쟁이지만 역설적인 문장들도 말할 수 있다. 이렇게 해석한다면, 두 사람 다 장난삼아 2번 문의 안내판을 설치할 수 있다.

자기 지칭 문장들을 이용하면 심지어 어떤 명제든지 증명할 수 있다. 예컨대 '앙겔라 메르켈은 중국의 황제다'라는 명제를 증명할 수 있다.

만일 이 문장이 참이라면, 앙겔라 메르켈은 중국의 황제다.

중요한 것은 이 진술 전체가 아니라 쉼표 다음 부분이라는 점을 유의하라!

우리는 2장에서 다룬 규칙들을 이용하여 그 부분을 엄밀하게 증명할 것이다. 앞의 진술 전체를 A, "앙겔라 메르켈은 중국의 황제다"를 B로 나타내자. 그러면 이 자기 지칭 진술이 말하는 바를 다음처럼 형식화할 수 있다.

1. $A \leftrightarrow (A \rightarrow B)$

보다시피 "이 문장"(A)은 자기 자신의 한 부분이다.

2. $A \rightarrow A$

(2)는 A가 어떤 명제든지 상관없이 참이다.

3. $A \rightarrow (A \rightarrow B)$

(1)의 동치 관계를 이용하여 (2)의 두 번째 A를 $(A \rightarrow B)$로 바꾸면 (3)이 나온다.

4. $A \rightarrow B$

(3)에 이른바 '축약 규칙contraction rule'을 적용하면 (4)가 나온다.

5. *A*

(1)의 동치 관계에 따라서 (4)를 (5)로 바꿀 수 있다. 이로써 우리는 위 진술 전체가 참임을 증명했다. 나머지 단계는 식은 죽 먹기다. (4)와 (5)에 긍정 논법(50쪽 참조)을 적용하면 다음의 문장이 나온다.

6. *B*

요컨대 명제 *B*는 참이다. 앙겔라 메르켈은 중국의 황제다!

이 예가 보여주듯이, 모순이 끼어들 틈이 조금이라도 생기면, 곧바로 카오스가 발생한다. 어떤 터무니없는 명제라도 증명할 수 있고 그것의 부정도 증명할 수 있다. 그러므로 철벽 수비가 필요하다. 우리는 자기 지칭 문장을 깡그리 금지해야 할까? 그것은 손해가 너무 큰 조치일 것이다. 전적으로 유의미한 자기 지칭 문장도 분명히 있으니까 말이다. 예컨대 이 장의 제목이 그런 문장이다. 더구나 그 제목은 기반이 튼튼한 문장이다. 왜냐하면 그 문장이 진술하는 바는 자기 자신의 진릿값에 관한 내용에 국한되어 있지 않기 때문이다.

그러나 기반이 튼튼한 문장도 모순을 일으킬 수 있다. 적어도 일상언어에서는 그러하다. 다음 문장을 보라.

이 문장은 열네 글자로 이루어졌다

이 문장은 기반이 튼튼하다. 즉, 검증 가능한 사태를 서술한다. 더 나아가 이 문장은 참이다. 그런데 이 문장의 부정을 고찰하면, 골치 아픈 문제가 불거진다.

이 문장은 열네 글자로 이루어지지 않았다

글자들을 세어보라. 둘째 문장은 열일곱 글자로 이루어졌다. 따라서 이 문장은 참이다. 요컨대 한 문장('이 문장은 열네 글자로 이루어졌다')과 그것의 부정이 둘 다 참이다. 이것은 논리적 '모순율'의 명백한 위반 사례다. 한 문장과 그것의 부정이 둘 다 거짓인 상황도 만들 수 있다.

이 문장은 열여덟 글자로 이루어졌다
이 문장은 열여덟 글자로 이루어지지 않았다

첫째 문장은 간단히 거짓이다. 둘째 문장은 첫째 문장의 부정인데 실제로 열여덟 글자로 이루어졌다. 그런데 자신이 열여덟 글자로 이루어지지 않았다고 진술하므로, 이 문장은 거짓이다. 결과적으로 두 문장 모두 거짓이다(당연한 말이지만, 이 모순은 한국어의 특수성에서 비롯된 것이며 원서의 독일어 예문을 한국어에 맞게 고친 것이다—옮긴이).

명심해야 할 것은 이제껏 우리가 다룬 모든 모순들과 역설들은 명제 논리와 술어 논리를 크게 손상시키지 못한다는 것이다. 다른 견해를 가진 학자들도 있을 수 있겠지만, 적어도 그 모순들과 역설들은 시스템의 모순으로 이어지지 않는다는 의미에서 그것들이 일으키는 피해는 적다고 할 수 있다. 만약에 공리들과 추론 규칙들을 적용하여 한 문장과 그것의 부정을 둘 다 증명할 수 있다면, 이것은 진정한 의미에서 시스템의 모순일 터이다. 그러나 우리가 다룬 모순들은 그런 유형이 아니었다. 그것들은 공리들 외에 추가로 채택한 전제에서 비롯되었다. 예컨대 메르켈이 중국 황제라는 증명에서는 A와 $A \rightarrow B$의 동치 관계가 결정적인 구실을 했다. 반면에 러셀의 이율배반은 프레게가 제시한 집합론의 공리들에서 직접 도출되었다. 러셀은 집합론의 규칙들에 따라서 한 집합을 구성하고 그 집합이 자기 자신을 원소로 가지면서 또한 가지지 않는다는 것을 증명했다.

그후 집합론(따라서 수학 전체)에서는 모순이 발생하지 않도록 공리 목록을 "수정하는" 작업이 성공적으로 이루어졌다. 그러자 이런 질문이 제기되었다. 집합론 시스템은 완전한가complete? 즉, 집합론 시스템에서 모든 참된 문장은 또한 증명 가능한가?

이 질문에 접근하려면 먼저 형식적 시스템에 관한 주요 개념들을 짚어둘 필요가 있다. 처음으로 정의할 것은 '계산'이다. 계산이란 기호들에 어떤 의미도 부여하지 않은 채로 단지 그것들을 조작하는 작업을 뜻한다. 컴퓨터는 계산 도구로서 탁월하다. 왜냐하면 계산은 아무 생각 없이 수행해야 하는 따분한 작업이기 때문이다. 계산 시스템에는 이미 주어진 것으로 간주되는 기호열들이 몇 개 있다. 그것들을 공리라고 한다. 또한 기존 기호열들에서 새로운 기호열을 만들어낼 때 따르는 규칙들이 있다. 그렇게 만들어낸 모든 각각의 기호열은 보편타당한 문장이다. 기호들의 층위를 일컬어 '구문론 층위syntactic level'라고 한다.

그러나 기호 조작이 완전히 자의적인 것은 아니다. 사람들은 무언가를 염두에 두고 계산 시스템을 고안했다. 즉, 기호들의 해석이 존재한다. 명제 논리에서 그 해석은 참 명제와 거짓 명제이고, 자연수 계산을 형식화한 이른바 '페아노 산술Peano arithmetic'에서 그 해석은 수들이다. 해석이란 무엇인가도 수학적으로 형식화하여 설명할 수 있지만, 이 부분은 우리 논의의 관심사가 아니다.

중요한 것은 증명 가능한 문장과 참 문장의 구분이다. 증명 가능성은 구문론적 속성이다. 증명 가능한 문장이란 기호 조작을 통해 구성할 수 있는 문장이다. 반면에 참은 의미론적semantic 속성이다. 예컨대 "무한히 많은 소수들이 있다"라는 문장이 참이거나 거짓일 수밖에 없다는 것은 그야말로 자명하다. 그러나 이 문장이 증명 가능한지 여부는 전혀 별개의 문제다.*

다음은 계산 시스템의 구문론적 속성이나 의미론적 속성을 가

* 이 문장은 증명 가능하다. 그러나 17과 19 같은 '쌍둥이 소수'들이 무한히 많은지 여부는 아직 밝혀지지 않았다. "무한히 많은 쌍둥이 소수들이 있다"라는 문장이나 그것의 부정이 증명 가능한지 여부를 아는 사람도 없다.

리키는 개념들이다.

- 한 문장과 그것의 부정이 동시에 증명 가능하지 않을 때, 시스템을 '무모순적consistent'(또는 일관적)이라고 한다.
- 모든 증명 가능한 명제 각각이 또한 참일 때, 시스템을 '건전하다sound'고 한다.
- 모든 참 명제 각각이 또한 증명 가능할 때, 시스템을 '완전하다complete'고 한다.

무모순성은 순수한 구문론적 속성이며 시스템이 유의미하기 위한 필수조건이다. 이 조건을 갖추지 못한 시스템에서는 어떤 문장이라도 증명할 수 있다. 원래의 집합론은 무모순성을 갖추지 못해서 무너졌다.

시스템이 건전하지 않으면, 계산 결과로 거짓 문장들이 나온다. 이를테면 2 더하기 2가 5로 나온다는 것인데, 이런 자연수 계산 시스템을 개발하는 것은 그리 유의미하지 않을 것이다.

그럼 완전성은 어떨까? 모든 참 문장 각각은 또한 증명 가능하리라고 예상해야 마땅하지 않을까? 혹시 유명한 미해결 수학 문제들 중에는 원리적으로 증명이 불가능한 것들도 있을까?

명제 논리가 위의 세 속성을 모두 가진다는 것은 조금만 생각해보면 알 수 있다. 기초적인 명제들을 아무리 복잡하게 연결하여 만든 문장이라도 진리표를 만들어서 그 진위를 검사할 수 있다.

따라서 명제 논리는 완전하다. 술어 논리의 완전성은 1928년에 쿠르트 괴델에 의해 증명되었다. 그러나 그로부터 3년 후에 괴델은, 최소한 자연수 산술만큼 복잡하면서 건전하고 무모순적인 모든 시스템은 불완전하다는 것을 증명했다. 이로써 모든 수학적 진리를 의심의 여지없이 증명할 수 있으리라는 희망이 무너졌다.

괴델의 증명 방법은 말하자면 모든 수학적 문장에 번호를 매긴 다음에 자신의 증명 불가능성을 주장하는 한 문장을 구성하는 것이다. 이 방법은 거짓말쟁이 역설('이 문장은 거짓이다')과 매우 유사하다. 그러나 미세하지만 중요한 차이가 있다. 괴델은 '이 문장은 증명 불가능하다'라는 문장을 구성함으로써 역설을 피한다. 이 문장이 거짓이라면, 이 문장은 증명 가능하다. 그런데 이렇게 거짓 문장이 증명 가능하다면, 시스템은 건전하지 않다. 따라서 건전한 시스템에서 이 문장은 반드시 참이어야 한다. 따라서 이 문장은 참이며 또한 증명 불가능하다. 이로써 참이며 증명 불가능한 문장이 존재한다는 것이 증명되었다.

이제부터 나는 또 다른 역설인 '베리 역설'(196쪽 참조)에 기초를 둔 증명을 소개하려 한다. 기억하겠지만, 베리 역설의 핵심은 "스물아홉 글자 이상으로만 서술 가능한 자연수들 가운데 가장 작은 수"다. 9장에서 우리는 자연언어가 충분한 형식적 엄밀성을 갖추지 못했다는 설명으로 역설의 해소를 갈음했다. 그러나 수학자 조지 불로스는 베리 역설을 형식언어로 번역하여 괴델의 첫 번째 불완전성 정리를 증명했다. 불로스 역시 참이지만 증명 불가능한 문장을 구성했다.

이어지는 절에서 나는 불로스의 증명을 그 형식성을 (거의) 온전히 보존하면서 설명할 것이다. 꼭 심오한 수학 지식이 있어야만 불로스의 증명을 이해할 수 있는 것은 아니다. 그리고 그 증명을 이해한 독자는 20세기 수학에서 가장 중요한 정리의 증명을 이해했다는 자부심을 품을 자격이 있다. 그런 자격쯤은 하찮은가? 행복한 깨달음의 순간과 뿌듯한 자부심을 포기하려는 독자는 곧바로 이 장 마지막의 연습문제로 건너뛰어도 좋다.

참이지만 증명 불가능한 문장을 구성할 수 있으려면 형식적 시스템 안에서의 증명 가능성과 의미론적 해석 안에서의 진리성 사이의 미세한 차이를 항상 유념해야 한다. 지금 우리가 다루려는 것은 자연수를 서술하는 형식적 시스템과 자연수 그 자체다.

자연수에 대한 형식적 서술의 창시자는 이탈리아 수학자 주세페 페아노(1858~1932)다. 그의 공리들에서 가장 중요한 개념은 '다음 수successor'다. 모든 각각의 자연수 x는 다음 수 sx를 가진다. 0은 다른 수의 다음 수가 아니다(이 책에서 '자연수'는 0을 포함한다—옮긴이). 계산 규칙도 공리들을 통해 정의된다. 다음 기호들만 있으면 '수론number theory' 전체를 서술할 수 있다.

우리가 이미 아는 논리 기호들: ¬, ∧, ∨, →, ↔, ∀, ∃
덧셈과 곱셈을 나타내는 연결 기호들: +, ×
수 '영(零)'을 가리키는 기호: 0
등호와 "…보다 더 작다"를 뜻하는 기호: =, 〈
원하는 만큼 많은 변수를 만드는 데 필요한 기호 두 개:
x, ′ (이 기호들로 x, x', x'', x''', … 등을 만들 수 있다.)
다음 수를 나타낼 때 필요한 기호: s (x의 다음 수는 sx다.)
괄호를 칠 때 필요한 기호 두 개: (,)

세어보면 총 17개의 기호다. 이 기호들로 모든 식을 적을 수 있다는 점을 명심하라. 지금부터 도입할 기호들은 '축약' 기호에 불과하다. 즉, 그 기호들은 앞의 기호들로 환원할 수 있다.*
유념할 것이 하나 더 있다. 이 형식언어에서 수를 가리키는 기호는 0뿐이다. 다른 자연수들은 0, $s0$, $ss0$, $sss0$,… 등으로 적는다. 중복된 s의 개수를 헷갈리지 않

* 앞선 장들에서 보았듯이, 우리는 논리 연산자들의 개수를 더 줄일 수 있다. 그러면 기호들의 개수는 줄어들겠지만 식들을 읽기가 더 어려워질 것이다.

기 위해서 우리는 $ssss0$을 축약 기호 [4]로 적을 것이다. 수 4와 기호열 [4]는 서로 다르다. 전자는 이 형식언어의 해석 안에서만 존재한다.

이제 관건은 "k개 이하의 기호로 서술 가능한 자연수들 가운데 가장 작은 수"라는 말의 의미를 형식적으로 정의하는 것이다. 이를 위해 '한 식이 수 n을 서술한다'는 것이 무엇인지 정의하자.

식이란 변수 x를 포함한 표현이다. 예컨대 "$2 + x = 4$"는 우리의 형식언어에서 이렇게 표기된다.

$$ss0 + x = ssss0$$

한 식이 자연수 n을 서술한다 함은 그 식에 포함된 x에 $[n]$을 대입할 때, 그리고 오직 그 때만 그 식이 옳음을 증명할 수 있다는 것이다. 따라서 앞의 식은 수 2를 서술한다.

모든 각각의 식은 최대 한 개의 수를 서술한다. 하지만 여러 식들이 동일한 수를 서술하는 경우는 당연히 가능하다.

17가지 기호로 구성할 수 있으며 길이가 i인, 즉 i개의 기호들로 이루어진 식들의 개수는 유한하므로(정확한 개수는 17^i이며, 이 많은 식들 중 대다수는 무의미하다) 길이가 i인 식으로 서술할 수 있는 수들의 개수도 당연히 유한하다. 따라서 i개 이하의 기호들로 서술할 수 있는 수들의 개수도 유한하다. 그러므로 i개 이하의 기호들로 된 식으로는 서술할 수 *없는* 수들 가운데 가장 작은 수가 존재해야 한다.

우리는 이 사실들을 (괴델처럼 모든 각각의 식에 명확한 '괴델수Godel number'를 번호로 부여하는 절차를 거쳐서) 형식언어로 표현할 수 있다. 다시 말해, 예컨대 식 Cxz가 존재한다. 이 식은 "수 x는 길이가 z인 식으로 서술된다"를 뜻한다. 추가로 두 개의 식을 더 정의하자. Bxy는 "수 x는 길이가 y 미만인 식으로 서술된다"를 뜻한다. Axy는 "수 x는 길이가 y 이상인 식으로만 서술할 수 있는 수들 가운데 가장 작다"를 뜻한다.

남은 일은 한걸음씩 착착 전진하는 것뿐이다. 식 Axy를 이루는 기호들의 개수를 k라고 하면, k는 확실히 3보다 더 크다(왜냐하면 축약 표현인 Axy에 들어 있는 기호들의 개수가 3이므로). 이제 새로운 형식적 문장 Fx를 구성하자.

$$\exists y((y = [10] \times [k]) \wedge Axy)$$

이 문장을 말로 풀면 이러하다. "x는 $10 \times k$개 이상의 기호로 된 식으로만 서술할 수 있는 수들 가운데 가장 작다."

이 문장이 서술하는 자연수가 존재한다는 것은 더없이 명백하다.

이제 식 Fx를 이루는 기호들의 개수를 세어보자. 그런데 앞의 Fx는 많은 축약기호들을 포함하고 있다. 우리는 원래의 기호 17가지만 가지고 Fx를 표현하고 그 길이를 세고자 한다.

[10]은 $ssssssssss0$이므로 기호 11개로 이루어졌다.

$[k]$는 마찬가지 이유로 기호 $(k+1)$개로 이루어졌다.

Axy는 기호 k개로 이루어졌다.

y는 원래 x'으로 적어야 한다. 앞의 Fx에 y가 (Axy에 포함된 y를 제외하면) 2개 나오므로, 그것들을 제대로 적으려면 총 2 곱하기 2개의 기호가 필요하다.

Fx를 이루는 나머지 기호들[∃, (, (, =, ×,), ∧,)]은 8개다.

따라서 Fx를 이루는 기호들의 총수는 $11 + (k+1) + k +$

$4+8 = 2 \times k + 24$다. 그런데 k가 3보다 크므로, 아래 부등식이 성립한다.

$$2 \times k + 24 < 10 \times k$$

결론적으로 우리는 "x는 $10 \times k$개 이상의 기호로 된 식으로만 서술할 수 있는 수들 가운데 가장 작다"라는 문장을 $10 \times k$보다 작은 개수의 기호들로 구성해냈다. 바꿔 말해 $10 \times k$개 이상의 기호들로만 서술할 수 있는 수를 $10 \times k$보다 작은 개수의 기호들로 서술한 셈이다!

이 역설에서 헤어나는 길은 두 가지밖에 없다. 한 가지는 시스템이 무모순적이지 않다고 판정하는 것이다. 즉, 시스템 안에서 한 명제와 그것의 부정이 둘 다 증명된다고 판정하는 것이다. 그러나 이 판정은 수학의 종말을 의미할 것이다. 왜냐하면 한 시스템 안에서 한 명제와 그것의 부정을 증명할 수 있다면, 어떤 명제와 그것의 부정이라도 증명할 수 있기 때문이다. 그러나 수학 시스템 안에서 그렇게 할 수 있다고 믿는 수학자는 아무도 없다. 러셀의 이율배반이 불거진 후 집합론은 충분히 "수정되어" 더는 그 안에 모순이 존재하지 않는다는 것은 모든 수학자들의 기본적인 믿음이다. 비록 그 믿음을 수학의 도구들로 증명할 수는 없지만 말이다.

따라서 다음 사실을 인정하는 차악의 탈출로만 남는다. 식 *Fx*는 자신의 정의에 부합하지 않는 수 *x*를 서술한다. 즉, *Fx*는 형식적 시스템 안에서 증명 불가능하다. 이로써 우리는 애당초 목표한 대로, 참이지만 증명 불가능한 문장을 발견했다.

이것은 쓰라린 깨달음이지만, 수학자들은 이 깨달음과 함께 사는 법을 터득했다. 수학자들의 일상적인 연구에서 어떤 문장의 증명 불가능성이 증명된 사례는 아직 없다. 물론 지금까지 모든 증명 시도를 물거품으로 만들어온 난제들이 몇 개 있긴 하지만, 제대로 된 수학자라면 누구나 언젠가 충분한 창의력과 이론적 도구가 갖춰지면 그런 완고한 문제들도 해결될 수 있다고 믿는다. 요컨대 괴델의 불완전성 정리는 수학자들의 실천에서 거의 무의미하다. 그러나 그 정리는 수학의 한계를 최종적이며 돌이킬 수 없는 방식으로 보여주었다.

연습문제 다시 멘다치노 섬의 인기 퀴즈 쇼 〈상품왕〉으로 돌아가자. 이번 최고 상품은 온갖 첨단기술을 장착한 전기그릴이다. 커튼이 걷히자, 세 개의 문이 나타난다. 어느 문 너머에 전기그릴이 있을까?

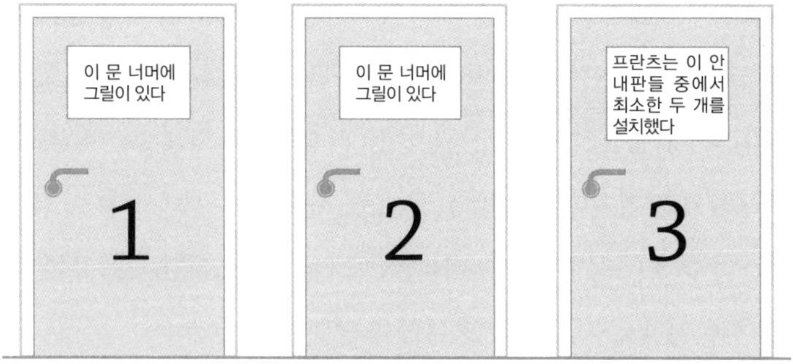
이 문 너머에 그림이 있다
1
이 문 너머에 그림이 있다
2
프란츠는 이 안내판들 중에서 최소한 두 개를 설치했다
3

11장

논리 게임 3

: 모자 쇼

이 텔레비전 쇼는 멘다치노 TV의 프로그램이 아니다. 거짓말이나 참말을 둘러싼 쇼가 아니기 때문이다. 그럼에도 이것은 논리 쇼이므로 아마도 어딘가에서 밤 시간에 비인기 채널로 방송될 것이다. 〈모자 쇼〉는 퀴즈 쇼이며 개별 수수께끼의 형식은 매우 다양하지만 궁극적인 원리는 늘 동일하다. 빨간 모자나 검은 모자를 쓴 참가자들은 때로는 같은 편이 되고 때로는 상대편이 되어 게임을 한다. 그들은 자신이 쓴 모자를 볼 수 없으며 그 모자의 (때로는 겹쳐 쓴 모자 두 개의) 색깔을 알아맞혀야 한다.

진행자는 아주 드물게만 힌트를 준다. 참가자들은 서로의 행동에서 가장 중요한 단서들을 발견해야 한다. 한마디 보태자면, 모든 참가자들은 제작진이 심혈을 기울여 선발한 인원이어서 매우 영리하다. 따라서 한 참가자가 어떤 논리적 추론을 한다면, 다른 참가자들도 그 추론을 할 수 있다고 보는 것이 합리적이다.

질문이 제기된 뒤에 한동안 아무 일도 일어나지 않는 경우가 흔히 있다. 때로는 침묵이 꽤 오래 지속된다. 그런 침묵이 알려주는 것은 현재로서는 어떤 참가자도 대답할 수 없다는 사실이다. 그리고 바로 그 사실이 결정적인 힌트가 되는 경우가 많다.

첫 번째 수수께끼에 대해서는 내가 해답을 알려주겠다. 이는 당신에게 〈모자 쇼〉에서 이루어지는 전형적인 추론의 패턴을 알려주기 위해서다. 나머지 수수께끼들은 연습문제이므로 당신이 스스로 풀어보라. 해답은 부록에 나온다.

1. 참가자 세 명이 일렬종대로 서서 마치 폴로네즈를 출 때처럼 앞 사람의 어깨에 양손을 얹는다. 따라서 맨 뒤 참가자는 나머지 두 참가자의 모자를 볼 수 있고, 중간 참가자는 맨 앞 참가자의 모자만 볼 수 있으며, 맨 앞 참가자는 아무것도 볼 수 없다. 먼저 진행자는 이들에게 모자 다섯 개를 보여준다. 그것들은 빨간색 모자 두 개와 검은색 모자 세 개인데, 진행자는 거기에서 세 개를 골라낸다. 그런 다음에 늘 그랬듯이 청중이 환호하는 가운데 "조명을 꺼주세요!"라고 외친 후 어둠 속에서 참가자들에게 모자를 씌운다. 이내 다시 조명이 켜진다. 이제 자기 모자의 색깔을 알아낸 참가자는 "내 모자는 …색이다!"라고 외쳐야 한다. 한동안 침묵이 흐른 후, 맨 앞의 참가자가 "내 모자는 …색이다!"라고 외친다. 그

의 모자는 무슨 색깔이고, 그는 그 색깔을 어떻게 알아냈을까?

해답: 참가자들을 맨 뒤부터 A, B, C로 칭하자. 맨 앞의 C는 이렇게 추론한다. "내 모자가 빨간색이라고 가정하자. 그러면 내 뒤의 B는 빨간색 모자를 보면서 이렇게 생각할 것이다. '내 모자도 빨간색이라면, 내 뒤의 A는 빨간색 모자 두 개를 보면서 곧바로, 내 모자는 검은색이다, 라고 외칠 것이다. 그런데 A는 아무 말도 안 한다. 따라서 내 모자는 틀림없이 검은색이다.' 그리하여 B는 '내 모자는 검은색이다!'라고 외칠 텐데 실제로는 침묵한다. 그러므로 내 모자는 빨간색이 아니라 검은색이다." 결론적으로 C는 "내 모자는 검은색이다!"라고 외친다.

2. 다음 문제는 1번 문제의 변형이다. 참가자는 네 명인데, 세 명은 1번 문제에서처럼 나란히 서고, 나머지 한 명은 커튼 너머에 선다. 따라서 일렬을 이룬 세 명은 그의 모자를 볼 수 없고, 그도 그들의 모자를 볼 수 없다. 이번에는 진행자에게 선택권이 없다. 가용한 모자가 빨간색 두 개와 검은색 두 개, 총 네 개이기 때문이다. 조명이 꺼진 상태에서 진행자가 참가자들에게 모자를 씌우고, 다시 조명이 켜진다. 이제 참가자들은 자기 모자의 색깔을 알아맞혀야 한다. 역시 한동안 침묵이 흐른 후, 한 참가자가 외친다. "내 모자는 빨간색이다!" 그는 어떤 참가자일까?

3. 이번에는 참가자 세 명이 서로를 볼 수 있게 마주 선다. 가용

한 모자는 빨간색 세 개와 검은색 세 개다. 따라서 온갖 조합이 가능하다. 조명이 꺼진 상태에서 진행자가 모든 참가자에게 빨간 모자를 씌운다. 그런 다음에 이렇게 말한다. “잠시 후에 조명이 켜질 텐데요. 그때 빨간 모자가 한 개 이상 보이는 분은 손을 들어주십시오. 그런 다음에 가장 먼저 자기 모자의 색깔을 알아맞히는 분이 이기는 겁니다.” 조명이 켜지자 당연히 모든 참가자가 손을 든다. 잠시 후에 모든 참가자가 마치 한 사람처럼 말한다. “내 모자는 빨간색이다!” 그들은 어떻게 자기 모자의 색깔을 알아냈을까?

4. 3번 문제에서 무승부가 나왔기 때문에 추가로 새로운 문제가 제시된다. 이번에도 참가자들은 어둠 속에서 서로를 향해 서 있다. 진행자는 최종 승자를 결정하기 위하여 이번에는 아주 까다롭지만 공정한 문제를 내겠다면서, 참가자들이 쓴 모자들은 빨간색 모자 두 개와 검은색 모자 세 개 가운데에서 선택한 것들이라고 설명한다. 조명이 켜지자마자 참가자 세 명이 동시에 “내 모자는 …색이다!”라고 외친다. 그리고 실제로 모든 참가자가 정답을 맞힌다. 어떤 모자들이 선택되었을까?

5. 4번 문제에서도 무승부가 나왔기 때문에, 문제의 난이도가 한층 더 높아진다. 이제 참가자 각각은 모자 두 개를 겹쳐 쓴다. 어둠 속에서 진행자가 가용한 검은색 모자 네 개와 빨간색 모자 네 개 가운데 여섯 개를 골라서 참가자들에게 씌운다. 조명이 켜

진 후, 진행자가 참가자 세 명 각각에게 차례로 묻는다. "당신이 쓴 모자의 색깔을 아시나요?"

참가자들은 차례로 이렇게 대답한다.

A: 아니요.

B: 아니요.

C: 아니요.

A: 아니요.

B: 예!

실제로 참가자 B는 자기가 쓴 모자 두 개의 색깔을 옳게 대고 청중의 박수를 받는다. 그 색깔들은 무엇일까?

6. 이 문제에서는 참가자 10명이 무대 위에 등장한다. 그들은 자유롭게 돌아다니면서 자신을 뺀 나머지 아홉 명의 모자 색깔을 볼 수 있다. 모든 모자들이 분배되고 조명이 켜진 후에 진행자가 설명하기를, 두 명 이상의 참가자가 검은 모자를 썼고 나머지 참가자들은 빨간 모자를 썼다고 한다. 이어서 진행자는 자신이 검은 모자를 썼다고 확신하는 참가자는 손을 들라고 요청한다. 그러나 아무도 손을 들지 않는다.

"예, 좋습니다." 진행자가 말한다. "다시 한 번 말씀드립니다. 자신이 검은 모자를 썼다고 확신하는 분은 손을 들어주세요." 이번에도 다들 가만히 있다.

"좋습니다. 세 번째로 요청드립니다. 자신이 검은 모자를 썼다고….”

청중이 웅성거리기 시작한다. 똑같은 말을 지루하게 반복하는 이유를 도무지 알 수 없어서다. 그러나 진행자가 다섯 번째로 요청하자, 실제로 검은 모자를 쓴 참가자들이 모두 손을 든다. 그들은 몇 명일까?

7. 이번에도 참가자는 10명이다. 제작진은 캄캄한 옆방에서 그들에게 모자(빨간 모자나 검은 모자)를 씌운다. 그곳에서 참가자들은 서로의 모자를 볼 수 없다. 이 문제에서 참가자들은 서로 경쟁하는 것이 아니라 협력해서 공동 과제를 해결해야 한다. 진행자가 말한다. “이제 여러분은 한 명씩 차례로 무대에 오를 텐데요. 무대 위에서는 일렬횡대로 늘어서되, 모자 색깔이 같은 분들끼리 모여야 합니다. 검은 모자를 쓴 분들은 대열의 왼쪽에, 빨간 모자를 쓴 분들은 오른쪽에 모여 서세요.” 팡파르가 울리는 가운데 첫 번째 참가자가 찬란한 무대에 등장한다. 그는 아무 고민 없이 무대 중앙에 선다. 하지만 다음 참가자들은 자기 자리를 어떻게 잡아야 진행자가 요구한 대열을 이룰 수 있을까?

12장

국민 계산기

: 투링의 만능 기계

이 이야기의 무대는 '마그놀리아'라는 머나먼 나라다. 그곳의 문화는 우리와 사뭇 다르다. 지배자 랑 충은 절대적 권력과 가혹한 폭력으로 신민들을 다스린다. 랑 충 본인은 호화롭고 방탕하게 살지만, 신민들은 굶어죽기 직전의 상태로 연명한다. 다른 나라들에서는 사람들이 저절로 가는 마차를 타고 쏜살같이 달리고 심지어 하늘을 난다는 소문이 일부 마그놀리아 사람들 사이에서 나돈 적이 있다. 몇몇은 하늘에서 그런 날아다니는 탈것을 보기까지 했다. 그러나 마그놀리아에는 엔진을 장착한 탈것이 없다. 전기와 현대적인 미디어는 더 말할 것도 없다.

지배자의 신뢰를 받는 소수의 측근들은 국경을 넘어 바깥세상을 구경하는 특권을 누린다. 그러다가 영영 돌아오지 않은 자들도 있지만, 다른 측근들은 귀국하여 랑 충에게 다른 나라 사람들의 생활을 이야기하고 아주 조심스럽게(마그놀리아에서는 노골적인 말 한마디 때문에 감옥에 가는 일이 흔히 발생하므로), 정말 조심스럽고도 조심스럽게, 이를테면 놀이용 기술들을 들여오기 위해 문호를 약간만 개방하면 어떻겠냐고 여쭈었다. 바깥세상에는 "텔레비전"이라는 것이 있더라고 그들은 보고했다. 텔레비전은 움직이는 천연색 그림을 보여주는 기계인데, 그것이 있으면 예컨대 매일 나라 안의 모든 가정에 지배자의 말씀을 전달할 수 있다면서 말이다. 게다가 텔레비전으로 연극과 음악회도 보여줄 수 있는데, 그런 재밋거리들은 고된 노동에 시달리는 백성의 삶을 약간 달콤하게 만들 것이라는 말도 덧붙였다. 하지만 이제껏 랑 충은 그런 문물의 수입을 완강히 거부해왔다. "나는 상자 속 인형의 모습으로 백성 앞에 나타나고 싶지 않다." 그는 늘 이런 식으로 대꾸한다. "더구나 대중의 유흥을 위해서라면 이 나라에도 대규모 경기장에서 벌어지는 합창대회와 매스게임이 있지 않은가!"

랑 충은 매스게임에 자부심을 품고 있다. 특히 환상적인 카드섹션이 그의 자랑거리다. 관중석에 줄맞춰 앉은 만 명 이상의 학생들이 온갖 색깔의 종이 카드들을 치켜들어 거대한 그림을 만들고, 그 그림이 (카드 교체를 통해) 끊임없이 바뀌는 카드섹션 말이다. 몇몇 카드섹션 팀은 그런 식으로 동영상을 만들 수 있을 정도로 실력이 뛰어나다. 그 수준에 이르려면 여러 달에 걸친 훈련이 필요하다. 모든 학생 각각이 자신이 치켜들 카드의 순서를 정확히 외워야 할뿐더러 카드 교체 순간에 일말의 오차도 범하지 말아야 하기 때문이다.

체이 퉁 장군은 지배자의 측근들 가운데 신중한 개혁에 찬성하는 축에 든다. 그러나 그는 량 충의 심기를 잘못 건드리면 목숨이 열 개라도 남아나지 않으리라는 것을 잘 안다. 특히 전력망을 구축하여 많은 신기술을 일상화함으로써 민중의 삶을 조금 덜 고되게 만들자는 것은 지배자가 일관되게 배척해온 제안이다. 전기는 눈에 보이지 않으며 금속선을 타고 흐를 수 있는 에너지라는데, 량 충은 왠지 그런 전기가 꺼림칙하다. 그리하여 체이 퉁은 상관에게 전기나 엔진 없이 작동하는 신기술 하나를 시연하기로 마음먹었다. 비록 다른 나라들에서는 그 기술 장치를 전기로 작동시켜 훨씬 더 높은 성능을 내지만 말이다. 혹시라도 지배자가 그 신기술에 호감을 갖는다면 더 나아간 기술적 혁신들도 어쩌면 가능해지리라는 것이 체이 퉁의 생각이다.

오늘은 체이 퉁이 일주일에 한 번 지배자를 만나는 날이다. 평소에 이 만남에서 그의 임무는 현재 백성이 겪는 어려움을 지배자에게 알리는 것이다. 물론 완곡한 표현을 써야 하지만, 하층의 신음소리가 위에도 들리도록 또렷이 알려야 한다. 하지만 오늘 그는 혼자 오지 않았다. 지배자의 집무실 밖에서 한 서른 살쯤 되어 보이는, 가르마를 깔끔하게 탄 사내와 다들 열 살쯤으로 보이는 아이 여덟 명이 기다린다.

"량 충 각하" 의례적인 인사가 오간 후, 체이 퉁이 말문을 연다.

"저는 오늘 각하께 국가의 문제들을 보고하는 대신에 새로운 발명품에 대해서 말씀드리고자 합니다. 우리나라에서 가장 영리한 사람들 중 하나가 개발한 발명품이죠."

"또 그 전기인가, 뭔가를 얘기하는 거요?" 랑 충이 퉁명스럽게 묻는다. "나는 그런 얘기라면 질색이라는 걸 알잖소."

"절대로 아닙니다, 각하." 체이 퉁이 굳게 다짐한다. "이 발명품은 각하께서 강조해오신 자력(自力) 복지 이념에 꼭 들어맞습니다. 이 발명품의 기반은 우리 모두가 무한히 자랑스럽게 여기는 문화적 기술입니다. 바로 카드섹션이죠."

지배자는 놀람과 동시에 흥미를 느끼며 우호적인 미소를 머금는다.

"발명자는 투 링이라는 인물인데요." 체이 퉁이 말을 잇는다. "지금 바깥에서 본인이 훈련시킨 어린이 팀과 함께 대기 중입니다. 자신의 발명품인 국민계산기를 각하께 보여드리려는 충정에서 말입니다."

"계산기라고요? 그런 게 우리나라에 필요해요?" 지배자가 미심쩍은 표정으로 묻는다.

"저희가 각하 앞에서 시연할 기회를 주십시오. 그 다음은 당연히 이 나라의 최고 존엄이신 각하께서 판단하실 몫입니다." 체이 퉁이 제안한다.

"음, 그래요." 랑 충이 거만하게 말한다. "30분 주겠소. 그 다음엔 내가 중요한 업무가 있어서." 사실 랑 충은 일정표에 무엇이 적혀 있는지 모른다. 그러나 곧 누군가가 그에게 일정을 전달할 테고, 그것은 무조건 국가의 운명이 달린 사안일 것이다. 지배자가 그렇다고 판단하면 그러한 것이니까.

체이 퉁이 서둘러 문을 열고 나가 밖에서 기다리던 그 발명자와 아이들을 데리고 돌아온다. 아이들은 옆구리에 갖가지 색깔의 카드들을 끼고 있다. 카드 각각의 크기는 대략 가로세로 40센티미터로 실제로 경기장 카드섹션에서 쓰는 카드와 다를 바 없다. 특별히 한 아이는 삼각형 모자를 쓰고 호루라기를 목에 걸었다.

투 링이 허리를 90도로 굽혀 지배자에게 인사한다. 긴장한 기색이 역력하다. 그는 평생 처음으로 궁전 내부에 발을 들였다. 궁전의 격식도 그에게는 낯설기만 하다.

"투 링 씨는 수학 교사입니다." 체이 퉁이 설명한다. "이제 그가 자기 학생들과 함께 각하께 자신의 발명품을 시연할 것입니다. 이 시연을 위해서 아이들은 4주 동안 훈련했습니다."

랑 충이 우호적인 미소를 흘린다. "허허, 좋아요, 한번 봅시다."

투 링이 신호를 하자, 8명의 아이들이 지배자를 향해 일렬횡대로 늘어선다. 이제 자세히 보니, 각각의 아이가 카드 3장을 가지고 있다. 흰색 카드, 회색 카드, 검은색 카드다. 삼각모를 쓰고 호루라기를 지닌 아이는 맨 오른쪽에 섰다. 처음엔 모든 아이들이 흰색 카드를 가슴 높이로 들고 있다. 투 링 씨가 살짝 고갯짓을 하니, 맨 오른쪽 아이가 호루라기를 분다. 그러자 얼핏 보기에 매우 혼란스러운 듯한 카드섹션이 진행된다. 도무지 알 수 없는 방식으

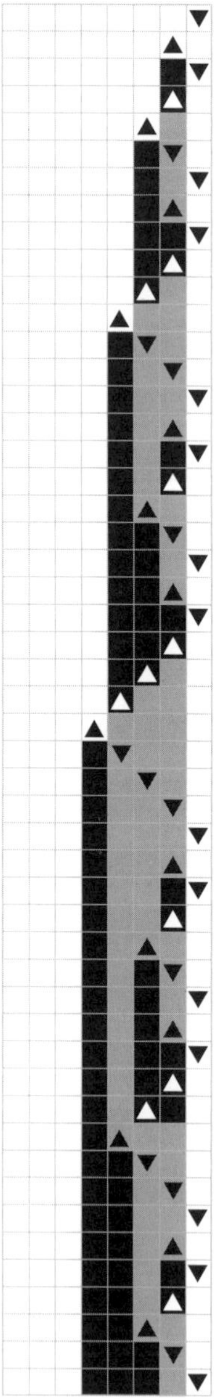

로 삼각모가 이리저리 전달되면서 회전한다. 때로는 삼각형 챙의 뾰족한 꼭지가 앞을 향하고, 때로는 평평한 면이 앞을 향한다. 때로는 삼각모 전달과 함께 카드 교체가 이루어지고, 때로는 이루어지지 않는다. 모자가 다시 맨 오른쪽 아이에게 전달될 때마다 그 아이는 추가로 호루라기를 분다. 이 모든 일이 믿기 어려울 정도로 빠르게 진행된다. 카드들의 색깔은 끊임없이 바뀐다. 마침내 아이들이 동작을 멈춘다. 모든 아이가 검은색 카드를 가슴 앞에 들었고, 맨 오른쪽 아이만 흰색 카드를 들었다. 그 아이는 모든 과정 내내 흰색 카드만 들고 있었다.

아이들이 뿌듯한 미소로 칭찬을 기대하며 지배자를 바라본다. 그러나 지배자는 황당할 따름이다.

"대체 이게 뭐요?" 지배자가 퉁명스럽게 묻는다. "내가 카드섹션 전문가는 아니지만, 이건 매우 일차원적인 공연이잖소. 또 나는 당신들이 무슨 그림을 보여주는 건지 도통 알 수 없었소."

"용서하십시오, 랑 충 각하." 투 링이 입을

연다. "하지만 저희도 무슨 그림을 보여드리려 한 것은 아닙니다. 이 아이들은 계산기입니다. 방금 이 아이들이 한 일은 수를 1부터 255까지 센 것이고요."

"뭐, 뭐라고요?" 지배자는 투 링의 말을 도무지 이해할 수 없다.

"죄송합니다, 각하. 과정이 너무 빠르게 진행되었습니다." 투 링이 말한다. "이런 상황에 대비해서 제가 각하를 위해 처음 50단계의 '그림들'을 준비했습니다." 투 링이 랑 충에게 흰색, 회색, 검은색 사각형들이 그려진 종이 띠 하나를 건넨다.

"고맙긴 한데, 이걸 보고 뭘 안단 말이오?" 지배자가 묻는다.

"처음 보면 아무것도 모르는 것이 당연합니다." 투 링이 대답한다. "하지만 이 두 번째 띠를 보십시오. 여기에는 맨 오른쪽 아이가 모자를 쓰고 호루라기를 불 때의 상태들만 그려져 있습니다."

투 링이 지배자에게 건넨 두 번째 종이 띠는 척 보기에 첫 번째 띠와 별반 다를 것이 없다. 랑 충은 난감한 표정으로 그 띠와 그

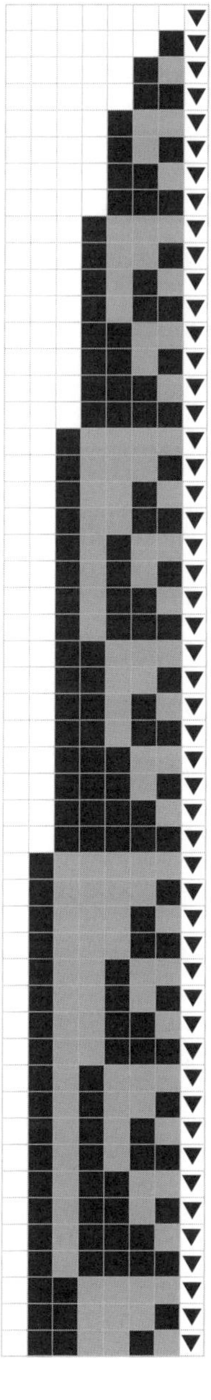

것을 그려온 수학 교사를 번갈아 바라본다. "나를 놀리려는 거요? 아니면, 지금 여기에서 나만 바보인가? 나는 누가 나를 놀림감으로 삼는 것을 용납하지 않아!"

수학 교사의 뒷목에 공포의 식은땀이 맺힌다. 지배자의 한마디에 어느 수용소로 이송된 자신의 모습이 벌써 눈앞에 선하다. 그러나 체이 퉁이 긴급 지원에 나선다. "위대하신 랑 충 각하, 혹시 이진법이라는 말을 들어보셨습니까?"

"이진… 뭐요?"

"이진법은 수를 적는 또 다른 방식입니다. 우리가 대대로 물려받아 통상적으로 쓰는 방식인 십진법과는 다르지요. 이진법에서는 숫자 열 개가 아니라 단 두 개, 0과 1만 필요합니다. 대신에 수 표기가 조금 더 길어지는 불편이 있습니다.* 회색 사각형이 0을 나타내고 검은색 사각형이 1을 나타낸다면, 투 링이 각하께 드린 두 번째 종이 띠에는 정확히 1부터 50까지의 수가 표시되어 있습니다. 아이들의 카드섹션 전체는 1부터 255까지, 이진법으로 1부터 11111111까지를 표시한 것이고요."

"흠흠, 뭐 그 정도는 나도 이미 알고 있었소." 지배자가 말한다. 그다지 믿음직스럽지는 않다. "그런데 내 앞에서 이런 시연을 하는 이유가 뭐요? 255까지 세는 정도는 우리나라 10세 아동이라면 누구나 아무 도구 없이 할 수 있는 일이잖소. 그런 일에 아이들을

---

* 103쪽 참조

여덟 명이나 동원한다는 게 말이 됩니까?"

"지당하신 말씀입니다, 각하." 어느새 마음을 가라앉힌 투 링이 대답한다. "하지만 저희의 시연에서 특별한 점은 이 아이들 중 누구도 실제로 수를 세거나 계산할 필요가 없다는 점입니다. 각각의 아이는 모자가 자신에게 전달될 때마다 그저 간단한 규칙 여섯 개에 따라서 카드들을 들고 내릴 뿐입니다."

투 링이 또 한 장의 종이를 꺼내 지배자에게 보여주려 하자, 지배자가 손짓으로 물리친다. 그는 세부사항에는 관심이 없는 모양이다.

"모든 과정이 완전히 기계적으로 진행됩니다." 투 링이 말을 잇는다. "그러는 사이에 '기계'가, 그러니까 아이들의 집단 전체가 계산을 하지요. 그리고 수 세기는 저희가 보유한 프로그램들 중에서 가장 단순한 것에 불과합니다."

"프로그램?" 지배자가 살짝 비웃는 투로 묻는다. "이런 지루한 프로그램으로 국민을 즐겁게 하겠다는 거요?"

"각하, 지금 '프로그램'은 투 링이 쓰는 전문용어인 듯합니다." 장군이 개입한다.

"이를테면 저희는 덧셈을 할 수 있습니다." 이제 자신의 발명품에 대한 자신감을 되찾은 투 링이 설명을 이어간다. "곱셈과 나눗셈도 할 수 있고요. 전국의 세금 수입을 계산하는 것도 가능합니다."

"세금"이라는 말에 뚱했던 지배자의 표정이 조금 밝아진다.

“정말이에요, 어떤 의미에서 이 기계는 만능입니다.” 투 링이 말한다. “이 기계는 사람이 할 수 있는 모든 계산을 할 수 있어요. 충분히 많은 아이들을 동원하고 계산 시간을 충분히 주기만 한다면 말이죠. 중요한 것은 규칙들과 기계의 처음 상태, 그러니까 맨 처음에 아이들이 든 카드들의 색깔 패턴뿐이에요.”

이제 지배자의 안색은 완연히 밝다. 아마도 세금 징수 체계를 개선할 방안을 구상하는 모양이다.

“저와 투 링이 이 기계를 어디에 써먹을 수 있을지 의논해봤습니다.” 체이 퉁 장군이 말한다. “가능한 응용 분야가 정말 무한합니다. 예컨대 충분히 많은 계산기를 마련하면, 다음 주 날씨를 미리 알아낼 수 있어요. 또 오락 분야에도 써먹을 수 있죠. 이를테면 경기장 카드섹션 동영상을 이런 국민계산기로 조종할 수 있어요. 그러면 '영사막'의 구실을 하는 아이들이 프로그램을 외울 필요가 없어집니다. 그 아이들이 어떤 색 카드를 치켜들어야 하는지를 배후에 자리 잡은 계산기 집단이 항상 정확한 시기에 알려주면 되니까요.”

“그렇다면, 우리 가문의 역사에 관한 다섯 시간짜리 동영상을 경기장 카드섹션으로 구현한다는 나의 꿈도 마침내 이룰 수 있다는 것이오?”

“아…… 예, 이를테면요.” 체이 퉁이 외교관처럼 말한다. “제가 국외 여행을 하면서 봤는데, 전자 부품들을 가지고 이런 국민계산기를 만든 나라들이 있더라고요. 그러면 사람을 동원할 필요도 없고, 계산기의 크기도 작은 상자만 하게 줄일 수 있습니다. 모든 국민이 각자 개인용 계산기를 장만할 수도 있고요."

"개인용 계산기?" 지배자가 웃는다. "누가 그런 걸 필요로 하겠소? 내 생각에 전국을 다 뒤져도 다섯 명밖에 없을 것 같소.* 친애하는 체이 퉁 장군, 혹시라도 국민계산기를 빌미로 그 전기인가 뭔가를 내게 슬그머니 떠안길 생각을 품었다면, 일찌감치 꿈 깨시오. 나는 국민계산기를 이 나라 청소년들이 이뤄내야 할 위대한 과업으로 판단하오."

그리고 누가 대꾸할 겨를도 없이 랑 충은 등을 돌려버렸다. 그것은 이제 면담이 끝났다는 명백한 신호다. 체이 퉁과 투 링, 그리고 아이들은 집무실을 떠난다. 수학 교사는 자신의 발명품이 훌륭하게 작동한 것을 자랑스러워하는 기색이 역력하고, 장군은 씁쓸한 미소를 지으며 속으로 말한다. '물방울이 바위를 뚫는다지, 암 그렇고말고.' 오늘은 마그놀리아가 한걸음 더 진보한 날이다.

결정 문제

일부 독자는 이미 눈치 챘겠지만, 이야기 속 투 링의 실제 모델은 당연히 앨런 튜링(1912~1954)이다. 천재적인 영국 수학자인 그

---

* 랑 충만 이런 틀린 예측을 한 것이 아니다. 컴퓨터 회사 IBM의 사장 토머스 왓슨은 1943년에 이렇게 말했다고 한다. '내 생각에 전 세계의 컴퓨터 수요는 다섯 대쯤이 아닐까 싶다.' 그러나 이 인용문이 실제로 그의 입에서 나왔다는 증거는 없다.

는 만약에 2012년까지 살아 있었다면 100세 생일을 맞았을 것이다. 그의 이름은 세 가지 중대한 사안과 얽혀 있다. 첫째는 제2차 세계 대전에서 독일군이 암호 통신에 사용한 기계 에니그마Enigma의 작동원리를 알아낸 것이다. 둘째는 '튜링 테스트Turing test'다. 많은 과학자들은 만일 컴퓨터가 튜링 테스트를 통과하면 인간과 동등한 지능을 소유했다고 인정해야 한다고 생각한다. (튜링 테스트를 통과한 컴퓨터는 아직 없다.) 마지막으로 '튜링 기계Turing machine'는 실제로 프로그래밍이 가능한 컴퓨터가 개발되기 전에 튜링이 고안한 컴퓨터 모형이다.*

우리 이야기에서 투 링이 시연한 "기계"는 튜링 기계의 단순화된 버전인데, 이 버전의 원래 개발자는 미국 컴퓨터과학자 겸 사업가 스티븐 울프럼이다. 비록 단순하더라도, 그 기계는 일반적인 튜링 기계가 할 수 있는 계산이라면 모두 할 수 있다는 의미에서 만능 기계다.

지배자 랑 충은 손을 내저었지만, 우리는 그 기계의 작동 원리를 더 자세히 살펴보기로 하자. 중요한 요소 하나는 아이들이 주고받는 모자다. 그 모자는 현재 계산이 이루어지는 자리가 어디인지 알려주며, 두 가지 상태를 가진다. 꼭지가 앞을 향한 상태는 A, 평평한 면이 앞을 향한 상태(꼭지가 뒤를 향한 상태)는 B다.

* 튜링의 결정적인 논문은 1936년에 출판되었다. 바로 그때 콘라트 추제Konrad Zuse는 베를린에서 기계 뇌mechanical brain Z1의 제작에 막 착수한 상태였다. 그러나 튜링은 그 소식을 몇 년 뒤에야 접했다.

그 모자를 전달받은 아이는 행동해야 한다. 어떻게 행동해야 하는지는 모자의 상태와 현재 그가 가슴 앞에 든 카드의 색깔(흰색, 회색, 또는 검은색)에 따라 결정된다. 따라서 여섯 가지 행동이 가능하며, 주어진 조건과 특정 행동을 짝짓는 규칙 여섯 개가 존재한다. 아이들은 그 규칙들을 사전에 숙달했다.

구체적으로 아이의 행동은 카드를 유지하거나 바꾸기, 모자의 상태를 유지하거나 바꾸기, 모자를 왼쪽이나 오른쪽으로 전달하기로 이루어진다. 다음 표는 아이의 행동에 관한 모든 규칙들을 보여준다.

	상태 A(▼)			상태 B(▲)		
흰색	흰색	왼쪽	▲	검은색	오른쪽	▼
회색	회색	오른쪽	▼	검은색	오른쪽	▼
검은색	검은색	오른쪽	▼	회색	왼쪽	▲

예컨대 현재 회색 카드를 든 아이가 B 상태의(꼭지가 뒤를 향한) 모자를 건네받으면 "카드를 검은색으로 바꾸고, 모자를 A 상태로 바꿔서 (관객의 관점에서 볼 때) 오른쪽으로 전달하라"는 것이 이 표가 말하는 바다.

검은색 카드들은 나중에 1로, 회색 카드들은 0으로, 흰색 카드들은 "공백"으로 해석된다. 한번 재미 삼아 당신 스스로 이 "수 세기 프로그램"을 몇 단계 실행해보기 바란다. 전혀 어려운 과제가 아니다. 금세 깨닫겠지만, A 상태는 "무사통과"를 유발한다. 즉, 1이나 0이 이미 있는 칸(검은색이나 회색 카드를 든 아이)에 A 상태의 모자가 도달하면, 그 칸의 색깔은 유지되고 모자도 변함없이 계속 오른쪽으로 전달된다. 이런 무사통과는 모자가 맨 오른쪽 아이에게 도달할 때까지 계속된다(그 아이는 카드의 색깔을 결코 바꾸지 않는다). 그 다음에 맨 오른쪽 아이는 모자를 B 상태로 바꿔서 다시 왼쪽으로 건네고, 이로써 다음번 계산 단계가 수행된다.

B 상태는 "계산"을 유발한다. B 상태의 모자가 도착하면, 0은 1로, 1은 0으로 바뀐다. 또한 1이 0으로 바뀔 때는, 모자가 한 칸 더 왼쪽으로 전달된다. 이것은 우리가 배우는 덧셈에서 "윗자리로 넘기기"에 해당한다. 이 의미에 걸맞게, 모자가 그렇게 더 전달되어 "공백" 칸에 도달하면, 그 칸은 검은색으로 바뀐다. 다시 말해 그 칸에 1이 기입되는 것이다. 이런 변화의 대부분은 얼핏 보기에 그다지 유의미하게 느껴지지 않는다. 그러나 우리의 이야기에서처럼 모자가 다시 맨 오른쪽에 도달한 단계의 행들만 모아서 보면, 실제로 이진법 수 세기 패턴이 나타난다.

수 세기처럼 간단한 프로그램을 위해서도 이렇게 많은 논리적 단계가 필요하다. 이는 우리가 이 책에서 이미 여러 번 확인한 바다. 따라서 최신 컴퓨터가 수행하는 계산들을 이런 "국민계산기"로 실행한다는 것은 터무니없다는 생각이 절로 든다. 하지만 중요한 것은 원리라는 점을 상기하라!

앨런 튜링도 자신의 "자동기계"(튜링 본인이 붙인 명칭이다)가 언젠가 실제로 제작되리라는 생각을 품지 않았다.* 튜링이 구상한 "자동기계"(곧, 튜링 기계의 원조)는 숫자 칸의 구실을 하는 사람들로 이루어진 것이 아니라 한없이 긴 종이 띠 하나와 그 위에서 (마치 우리 이야기 속 모자처럼) 이리저리 움직이는 '읽기-쓰기 헤드read-write head' 하나로 이루어졌다. 우리 이야기에서는 모자의 상태가 두 가지뿐이지만, 튜링의 자동기계에서는 얼마든지 많은 상태들이 가능했고, 읽기-쓰기 헤드가 종이 띠에 적을 수 있는 숫자의 유형도(우리 이야기에서는 흰색, 회색, 검은색으로 한정되어 있었지만) 얼마든지 다양할 수 있었다. 또한 우리 이야기에서처럼, 모든 각각의 상태와 읽힌 기호에 따라서 읽기-쓰기 헤드가 어떤 기호를 새로 쓰고 어디로 이동해야 할지 알려주는 규칙들이 있었다. 하지만 이야기 속 수 세기 프로그램과 튜링 기계는 한 가지 중요한 차이점이 있다. 이야기 속 프로그램과 달리 튜링 기계는 멈춤stop 상태를 추가로 인지한다. 즉, 튜링 기계는 프로그램을 완수하면 멈춘다. 그러나 튜링의 1936년 논문을 위해서 실제로 프로그램을 수행한 것은 기계가 아니라 "컴퓨터computer"로 불린 사람이었다. 한 사람이 마치 노예처럼 정해진 규칙들에 따라 맹목적으로 숫자들을 조작했다.

그 논문은 제목이 「계산 가능한 수에 대하여, 결정 문제에 응용하면서On Computable Numbers, with an Application to the

* 몇 년 전에 미국 발명가 마이크 데이비는 튜링의 "자동기계"를 실제로 제작했다. 그 멋진 발명품에 경탄하려면 aturingmachine.com을 방문하라.

Entscheidungsproblem」이며, 구체적인 계산은 전혀 다루지 않는다. '결정 문제Entscheidungsproblem, 또는 decision problem'는 독일 수학자 다비트 힐베르트가 1900년에 수학자 동료들에게 제시한 미해결 문제들의 목록에 10번으로 올라 있었다. 세월이 흐르면서 수학자들은 그 문제를 더 확장하여 결국 다음과 같이 정식화했다. 모든 참인 수학 명제가 증명 가능한 것은 아니라는 사실이 괴델의 불완전성 정리를 통해서 밝혀졌다. 하지만 주어진 명제가 증명 가능한지 여부를 최소한 결정(판정)할 수는 있지 않을까?

당시까지는 어려운 수학 명제를 증명하려면 상상력과 어느 정도의 천재성이 필요하다는 것이 통념이었다. 그러나 수학자들은 이렇게 물었다. 증명 가능성 여부를 "기계적으로" 결정하고 증명 가능하다는 결정이 내려지면 그 결정 결과와 증명을 함께 내놓는 그런 절차를 혹시 제시할 수 있을까? 이 질문은 우리로 하여금 다시금 강렬하게 라이프니츠를 연상하게 만든다. 어쩌면 모든 문제, 사람들 사이의 모든 견해 차이를 "계산으로 해결할" 수 있을 것이라는 라이프니츠의 생각을 말이다(19쪽 참조).

튜링은 방금 설명한 기계적 결정 절차가 존재한다는 발상을 곧이곧대로 받아들이고는 스스로 이렇게 다짐했다. '좋아, 내가 그런 절차를 수행하는 기계를 제작하겠어! 결국 관건은 정해진 규칙들에 따라서 기호들을 조작하는 일이잖아.' 이렇게 다짐하고 나면, 결정 문제는 이런 질문으로 바뀐다. 튜링이 정의한 기계에 수학 공식을 입력하면, 그 기계는 결과에 도달할까? 튜링 기계의 프로그램은 언젠가 작동을 완료하고 "예" 또는 "아니오"라는 결과를 내놓을까?

튜링은 답을 발견하고 증명했다. 그리고 아니나 다를까, 그 답은 앞선 장들에서 우리의 어지럼증을 유발했던 역설적이며 자기 지칭적인 문장들과 형식이 매우 유사하다. 튜링의 답은 이것이다. '바로 결정 가능성에 대한 질문 그 자신이 결정 불가능하다.' 이 답을 튜링 기계와 관련해서 달리 표현하면 다음과 같다. '튜링 기계가 언젠가 0을 출력할까?'라는 질문에 대답하는 일반적인 프로그램은 존재하지 않는다.

요컨대 튜링이 목표로 삼은 것은 매우 추상적인 수학 문제 하나였다. 그러나 그 부산물로 그는 당시엔 이론상으로만 존재한 기계를 개발했다. 그 기계는 "초(超) 컴퓨터Übercomputer"라고 할 만하다. 튜링 기계는 모든 디지털 컴퓨터를 시뮬레이션할 수 있다. 비록 그 시뮬레이션에 아주 긴 시간이 걸리지만 말이다. 거꾸로 말하면, 오늘날 거의 모든 사람은 (저장 용량이 유한하므로 불완전한) 튜링 기계를 스마트폰이나 노트북의 형태로 늘 가지고 다닌다. 앨런 튜링은 디지털 혁명의 할아버지들 중 한 명이다.

13장

최적의 중고차

: 불명확한 개념들로 명확하게 생각하기

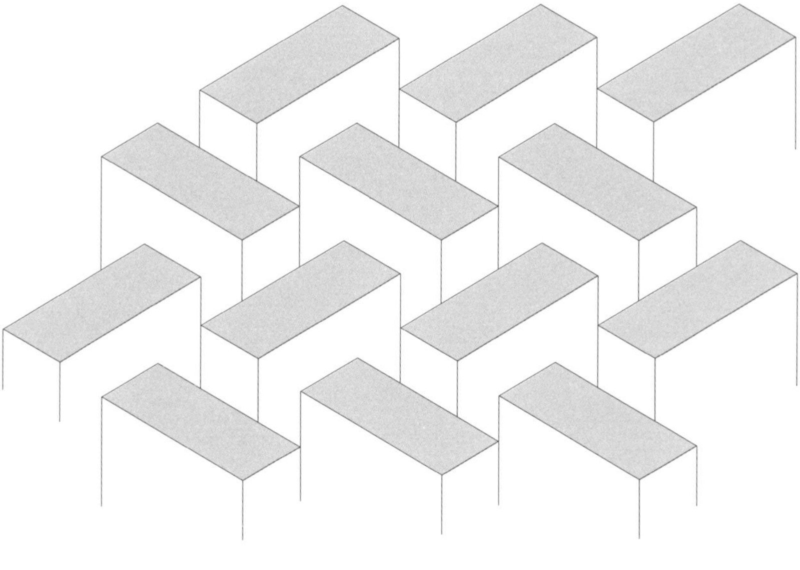

“혹시 생각해두신 차량 스타일이 있나요?” 귄터 슈넬, 잉그리트 슈넬 부부가 ‘슈라우프의 중고차 백화점’ 사무실에서 의자에 앉자, 중고차 상인이 묻는다.

귄터가 아내를 흘끔 쳐다보고, 잉그리트가 말문을 연다. “글쎄요, 제 남편은 늘 바쁘거든요.” 아내가 말한다. “남편에게 맞으려면 차가 빠르고 멋져야 해요. 하긴, 멋지다는 말이 좀 애매하긴 하네요. 한마디 보태자면, 너무 낡거나 너무 비싼 차는 안 되고요.”

“물론이죠, 모든 고객이 그런 차를 원합니다!” 중고차 거래소 대표 페터 슈라우프가 웃는다. “제가 듣기에 그 조건들은 조금 모호해요. 저 마당을 보십시오. 제가 보유한 중고차들인데, 대략 80대입니다. 방금 ‘빠른’ 차, ‘멋진’ 차, ‘낡은’ 차, ‘비싼’ 차를 언급하셨는데, 그 말의 의미를 조금 더 정확히 설명해주실 수 있을까요?"

"집에서 우리끼리 의논을 조금 했어요." 아내가 지체 없이 대꾸한다. "우리 생각은 상당히 명확해요."

"그럼 한번 설명해주시죠."

귄터 슈넬이 바지 주머니에서 쪽지를 꺼낸다. 기억을 보완하려고 준비해온 메모인 모양이다. "좋아요, 가격부터 얘기합시다. 우린 1만 1000유로까지 생각하고 있어요. 그 이상은 절대로 안 됩니다. 차량의 최고 연령은 5년. 또 고속도로에서 앞차를 거뜬히 추월할 만큼은 되어야 해요. 그러니까 최고 속도가 시속 185킬로미터는 나와야 한다는 거죠."

"예, 여기까지는 명확하네요. 그런데 '멋진' 차는 무슨 뜻이죠?"

"음… 간단히 설명할 수 없는데요…." 귄터가 머뭇거린다

"이를테면 메르세데스 벤츠가 만드는 '스마트'가 멋지죠." 그의 아내가 냉큼 말을 가로챈다.

"그래요, 스마트 시리즈. 그 안에도 굉장히 다양한 차들이 있죠." 상인이 말한다. "그런데 고객께서 원하는 조건에 딱 맞는 차를 제가 가지고 있는지 모르겠네요. 잠깐 컴퓨터를 봐야겠어요."

슈라우프가 한동안 자판을 두드리면서 중간중간 화면을 바라본다. 그의 표정이 점점 더 진지해진다. "허허, 이게 정말 쉬운 일이 아니네요."

부부가 서로를 바라본다. "적당한 차가 없다는 말씀이세요?" 슈넬 부인이 말한다.

“제가 지금까지는 모든 고객을 만족시켜 드렸거든요.” 슈라우프가 자랑하듯이 말한다. “처음엔 아주 까다로워 보이던 고객들도 결국 만족하셨죠. 여기 한번 보세요. 제가 여섯 대를 찾았는데요, 세부 명세서를 바로 인쇄해드리겠습니다. 이 차들은 마당에 세워져 있으니까 당장 가서 볼 수도 있어요.”

“일단 명세서를 봅시다.” 슈넬 씨가 대꾸한다.

슈라우프가 인쇄기로 가서 1분 뒤에 A4 용지 여섯 장을 가지고 돌아와 부부에게 건넨다. 슈넬 부부는 사진이 포함된 그 명세서들을 살펴본다. 중고차 여섯 대에 관한 서류들이다.

- 오펠, 연령 2년, 최고 시속 165킬로미터, 1만 2000유로
- 포드, 연령 8년, 최고 시속 190킬로미터, 8000유로
- 라다, 연령 3년, 최고 시속 160킬로미터, 1만 3000유로
- 볼보, 연령 6년, 최고 시속 205킬로미터, 1만 유로
- 벤츠, 연령 7년, 최고 시속 210킬로미터, 9000유로
- 벤츠 스마트, 연령 1년 미만, 최고 시속 160킬로미터, 1만 2000유로

부부가 명세서를 살피는 시간이 뒤로 갈수록 더 길어지더니, 마침내 슈넬 씨가 말문을 연다. “우리가 원한 조건에 안 맞잖아요. 여섯 대 중에서 우리 조건을 모두 만족시키는 차는 한 대도 없네요. 세 대는 너무 낡았고, 세 대는 너무 느리고, 세 대는 너무 비싸

요. 게다가 라다가 멋진 차라니, 말이나 되는 소립니까? 여보, 갑시다." 슈넬 씨가 외투를 집어 들고 나가려 한다.

"잠깐만요!" 슈라우프가 서둘러 슈넬의 소매를 붙든다. "맞습니다. 제 차들 중에는 고객님의 조건에 백 퍼센트 맞는 차가 없습니다. 하지만 경쟁업체에 가시더라도 고객께서 원하는 조건에 딱 맞는 차를 구하기는 어려울 거예요. 제가 제안을 하나 할게요. 제 아들이 개발한 프로그램인데, '퍼지 카Fuzzy Car'라는 게 있어요."

"프로그램 이름이 뭐라고요?" 슈넬 부인이 묻는다.

"퍼지 카요. 이른바 '퍼지 논리fuzzy logic'를 기반으로 삼은 프로그램이죠. 퍼지 논리는 미국에서 나온 첨단기술인데, 뭐 그건 그렇고요. 어쨌든 저희는 이 프로그램을 이용해서 지금까지 많은 중고차를 팔았습니다. 차를 산 뒤에 불만을 토로한 고객은 단 한 분도 없었고요."

"아, 그래요?" 슈넬 씨가 여전히 퉁명스럽게 내뱉는다. "어떻게 컴퓨터 프로그램으로 중고차 성능을 향상시키겠다는 건지 나는 도통 모르겠소만, 한번 시작해보슈."

"일단 제 아들 쇠렌을 부르겠습니다. 그 아이가 더 잘 설명할 수 있거든요." 슈라우프가 전화기의 버튼 하나를 누른다. 잠시 뒤에 안경을 쓴 젊은이가 상담실 안으로 들어온다. 슈넬 부인은 그의 나이를 스물하나 정도로 추정한다.

"안녕하세요." 젊은이가 말한다. "아헨 공과대학 전자공학과에 다니는 쇠렌 슈라우프입니다. 저는 자동차는 잘 모르지만, 2학년

2학기 때 퍼지 프로젝트 세미나에서 이 프로그램을 개발했습니다."

"대체 그 '퍼지'가 뭐요?" 슈넬 씨가 성마르게 묻는다.

"퍼지 논리란 오직 참과 거짓만 다루는 논리가 아니에요. 흑백 논리가 아니라는 거죠." 쇠렌 슈라우프가 대답한다. "퍼지 논리가 왜 필요한지, 간단한 예를 들어서 설명할게요. 고객께서는 가격이 적당한 차를 원하세요. 또 '적당하다'는 것은 딱 1만 1000유로까지라고 말씀하셨고요. 하지만 정말로 1만 999유로는 받아들이고 1만 1001유로는 거부할 생각이세요? 현실에서 그런 식으로 두부 자르듯이 경계선을 긋는 사람은 없습니다."

"나 참, 대단하시네요. 중고차 상인들은 늘 이런 식이죠. 결국 목적은 손님이 원래 생각한 것보다 더 많은 돈을 꺼내게 만드는 거잖아요." 잉그리트 슈넬이 고개를 가로저으며 말한다.

그러나 젊은이는 말을 멈추지 않는다.

"고객께서 말씀하신 다른 조건들도 마찬가집니다. 왜 차량 연령의 상한선을 정확히 5년에 그으시나요? 연령이 6년이라도 관리가 아주 잘 된 차라면 한번 고려해볼 수 있지 않겠습니까. 퍼지 논리는 그런 예리한 경계선을 거부합니다. 대신에 고객이 원하는 속성 각각을 상품이 얼마나 가졌는지를 0에서 1까지의 수로 나타내죠."

고객 부부가 어리둥절한 표정을 짓자, 쇠렌이 종이를 끌어당기고 매직펜을 집어 든다.

"예컨대 '빠르다'라는 속성을 생각해봅시다. 고객께서는 빠른 자동차를 원하세요. 최고 시속 185킬로미터부터 빠른 자동차라고 말씀하셨고요." 쇠렌이 말을 이어간다. "그 말씀을 그림으로 나타내볼게요. 최고 시속이 185킬로미터 미만인 중고차는 '빠르다'라는 속성을 0만큼 가집니다. 그 이상인 중고차는 1만큼 가지고요."

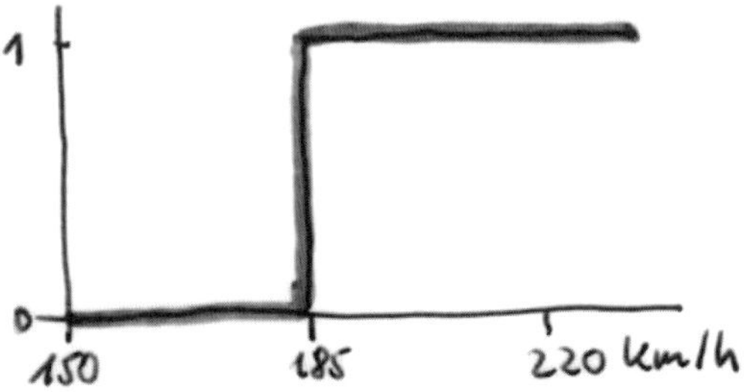

"반면에 퍼지 논리에서는 0에서 1로의 이행이 물 흐르듯이 일어납니다. 최고 시속이 160킬로미터 미만인 차라면, 고객께서 '빠른' 차로 판정하지 않으실 것이 틀림없어요. 반대로 최고 시속이 210킬로미터를 넘는 차라면 틀림없이 '빠른' 차로 판정하실 테고요. 그 사이에 놓이는 차들은 '빠르다'라는 속성을 0과 1 사이의 값만큼 가지죠. 이를테면, 이런 식으로요." 쇠렌이 설명하면서 두 번째 그림을 그린다.

"이해가 되시나요? 그럼 다른 조건들도 이런 식으로 바꿔봅시다. 고객께서 직접 하시면 좋겠어요. 가격과 연령에 대해서도 이것과 비슷하게 선을 그으면 됩니다. '멋지다'에 대해서는 이런 선을 그을 수 없어요. 그냥 고객께서 차종 각각에 대한 주관적 평가

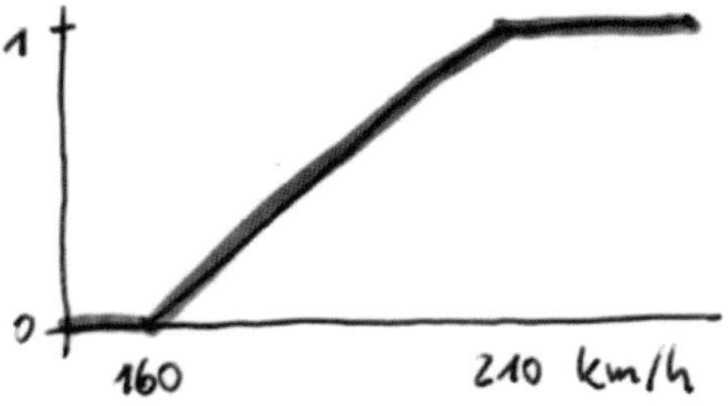

값을 0에서 1까지로 알려주세요."

쇠렌이 부부에게 종이 몇 장을 건네고, 부부는 서로 속삭이면서 연필로 선들을 긋는다. 보아하니 어떤 자동차가 "멋진가"에 대한 논의가 가장 큰 비중을 차지한다. 하지만 결국 그 문제에 대해서도 합의가 이루어졌다.

"대단히 감사합니다." 종이를 돌려받으며 쇠렌 슈라우프가 말한다. "이제 이 내용을 제 컴퓨터 프로그램에 입력하겠습니다. 잠깐 커피 한 잔 하시죠. 곧 결과를 알려드릴게요."

전자공학도가 숫자 몇 개를 컴퓨터에 입력하는 동안, 슈넬 부부는 에스프레소 머신 쪽으로 간다. 그러면서 자신들의 조건에 관한 논의를 계속한다. "스마트에 0.8을 준 건 너무 과하지 않았나?" 슈넬 씨가 갸우뚱거리며 말한다. "무슨 소리야?" 부인이 받아친다. "내 친구들은 죄다 스마트가 귀엽다고 난리인데. 오히려 나는 포드에 준 점수를 0.1점 깎고 싶구먼."

부부가 아직 한창 논의 중일 때, 젊은 슈라우프가 컴퓨터에서 출력한 인쇄물을 흔들며 커피 테이블로 다가온다.

"여기 있습니다, 한번 보시죠. 컴퓨터가 딱 한 대를 콕 집어서 추천하네요. 저도 이 차가 두 분 마음에 드실 거라고 확신합니다."

슈넬 부부가 종이를 들여다본다. 표 하나가 그려져 있다.

	빠르다	낡지 않았다	가격이 적당하다	멋지다	퍼지 카 추천점수
오펠	0.1	0.8	0.4	0.3	0.4
포드	0.6	0.2	0.8	0.4	0.5
라다	0	0.9	0.3	0	0.3
볼보	0.9	0.4	0.6	0.7	0.65
벤츠	1	0.3	0.7	0.8	0.7
스마트	0	1	0.4	0.8	0.55

"제가 설명을 좀 보태겠습니다." 쇠렌이 말한다. "프로그램은 우선 고객께서 정하신 개별 기준들에 따라서 자동차들에 점수를 부여했습니다. 그런 다음에 제가 개발한 퍼지 알고리즘으로 자동차 각각의 '퍼지 카 추천점수'를 계산했죠."

슈넬 씨가 날카로운 눈초리로 모든 수치들을 살펴본다. "당신이 한 일은 그저 각 행의 평균값을 계산한 것뿐이지 싶은데, 내 생각이 맞습니까?"

"예, 정확히 보셨습니다. 그것이 바로 퍼지 알고리즘의 기능이죠."

"음, 그러니까 프로그램이 벤츠를 추천한다는 거예요?" 스마트가 추천되기를 기대한 슈넬 부인이 묻는다.

"예, 벤츠가 볼보보다 추천점수가 약간 높네요." 슈라우프가 말한다. "지금 보시다시피 우리는 고객께 바가지를 씌우지 않습니다. 우리가 볼보를 팔면 이익이 더 많이 남을 테지만요. 이 두 차량은 고객께서 제시하신 기준 네 개 가운데 세 개에 들어맞는데, 딱 하나 약간 낡은 것이 흠이에요. 하지만 관리 상태만큼은 최상이라고 판단합니다."

슈넬 부부가 서로를 바라본다. 그들은 일개 컴퓨터 프로그램이 그들을 대신해서 최적의 중고차를 골랐다는 사실 자체가 여전히 마음에 들지 않는다.

"그래요, 훌륭하군요." 귄터 슈넬이 말한다. "당신의 퍼지 시스템에 경의를 표하겠소. 그건 그렇고, 이제 중고차들의 실물을 좀 볼 수 있을까요?"

"물론입니다." 쇠렌 슈라우프가 미소를 짓는다. "하지만 이제부터는 다시 저희 아버님이 나설 차례네요. 저보다는 아버님이 중고차를 더 잘 파시거든요."

이번에는 그다지 자신이 없다고 아버지가 아들에게 눈빛으로 말한다.

흑백 논리를 버려라

앞선 장들에서 다룬 논리는 엄격한 '이가(二價)' 논리였다. 즉, 명제는 완전히 참이든지, 아니면 완전히 거짓이든지, 둘 중 하나였다. 그런 이가 논리는 일상의 많은 분야에서 완벽하게 적합하다. 한 예로 다음과 같은 고전적인 삼단 논법을 보자. "모든 사람은 죽는다. 소크라테스는 사람이다. 따라서 소크라테스는 죽는다." 한 존재는 죽든지, 아니면 안 죽든지, 둘 중 하나다. 소크라테스는 사람이든지, 아니면 사람이 아니든지, 둘 중 하나다. 참이거나 거짓, 흑이거나 백이다. 흑과 백 사이의 회색 값들은 없다.

그러나 우리 언어가 그렇게 예리한 경계선을 긋지 않는 경우들도 있다. 예컨대 다음 추론을 보라.

빨간 토마토는 익은 토마토다.
이 토마토들은 상당히 빨갛다.
따라서 이것들은 상당히 익었다.

슈퍼마켓 과일 매대 앞에서 우리는 매일 이런 식으로 추론한다. 내친김에 다음 추론을 보라.

이탈리아인의 대다수는 머리카락이 어두운 색이다.
머리카락이 어두운 색인 사람의 대다수는 눈동자가 갈색이다.
따라서 이탈리아인의 대다수는 눈동자가 갈색이다.

이번에는 금발의 이탈리아인들이나 검은 머리에 눈동자가 파란

사람들을 떠올리며 고민하는 독자도 있을 것이다. 이런 직관적인 추론 방식들을 형식화하는 방법이 혹시 있을까? 질문을 이렇게 바꾸자. 이런 두루뭉술한 추론과 판단을 배제하는 논리는 과연 얼마나 효용이 있을까?

일찍이 미국 논리학자 찰스 샌더스 퍼스(1839~1914)는 고전적인 논리를 고전물리학에 빗댔다. 가장 단순한 형태의 고전물리학에서 물체는 툭 건드려지면 마찰 없이 영원히 운동한다. 그런 물리학으로 우리는 별들의 궤적을 계산할 수 있지만, 마찰력에 의해 끊임없이 제동당하는 자동차의 운동은 계산할 수 없다. "역학에서 마찰을 간과할 수 없는 것과 마찬가지로 논리의 세계에서 우리는 불명확성을 소홀히 다룰 수 없다"라고 퍼스는 썼다.

그후 지난 백 년 동안 논리를 흑백 사고에서 회색 사고로 이끌기 위한 시도가 여러 번 이루어졌다. 폴란드 수학자 얀 우카시에비치Jan Łukasiewicz(1878~1956)는 1920년대에 '다가(多價)' 논리를 개발했다. 그 논리에서 명제가 참인 정도는 0부터 1까지의 값으로 표현된다. 1960년대에 캘리포니아에서 활동한 수학자 로트피 자데(1921~2017)는 '퍼지 논리'라는 용어를 고안했다. 그의 두루뭉술한 논리는 두루뭉술한 집합론에 기초를 둔다는 점이 특징이었다.

집합론과 논리가 밀접한 관련이 있다는 점은 앞선 장들에서 이미 여러 번 지적했다. 모든 각각의 집합은 논리적 술어 하나, 곧 그 집합에 속함이라는 속성을 정의한다. 거꾸로 (적어도 치명적인 예외들을 뺀 거의 모든 경우에) 논리적 술어는 그 술어(속성)를 보유한 모든 대상들의 집합과 연결된다.

그런데 자데는 우리가 일상언어에서 사용하는 개념의 대다수가 두루뭉술하다는 점을 주목했다. 우리는 "아무개는 키가 크다"라는 말을 사용하고 이해한다. 그러나 키가 몇 센티미터를 넘는 사람에게 이 말을 적용할 수 있는가 대해서 명확한 경계선을 그을 수는 없다. 예컨대 그 경계선을 180센티미터에 긋는다면, 불합리하게도 키가 179.9센티미터인 사람은 "키가 크지 않다"라고 말하고 180.1센티미터인 사람은 "키가 크다"라고 말해야 할 것이다. 모든 사람의 키는 아침보다 저녁에 약간 작기 마련이므로, 측정 시점도 똑같이 통일해야 할 테고 말이다. 그러나 우리는 그런 식으로 생각하지 않는다. 의심의 여지 없이 키가 큰 사람들이 있는가 하면, 키가 크기는 한데 과연 그런지 의심할 여지가 있는 사람들도 있다. 이를테면 키가 175센티미터에서 185센티미터 사이인 사람을 두고 말할 때 우리는 "키가 크다"라는 술어를 완전히 배제하거나, 또는 "키가 상당히 크다"라고 말하거나 "키가 어느 정도 크다"라고 말한다.

자데는 '한 집합에 속함'을 절대적으로 정의하지 않고 0부터 1까지의 연속적인 값을 허용했다. (0은 대상이 집합에 속하지 않음이 확실하다는 것, 1은 속함이 확실하다는 것을 뜻한다.) 이는 우리가 집합을 표현할 때 흔히 사용하는 동그라미 경계선을 불명확하게 번진 회색 띠로 바꾸는 것을 의미한다. 그리고 '집합에 속함'은 수학적으로 함수를 통해 정의된다. 우리 이야기에서 쇠렌 슈라우프가 "빠르다"라는 개념을 정의할 때처럼 말이다.

통상적인 집합들을 가지고 하는 '계산'을 이런 퍼지 집합들을 가지고도 할 수 있을까? 퍼지 집합의 여집합, 바꿔 말해 논리적 '부정'을 구성할 수 있을까? 퍼지 집합들의 합집합(오어 연결)과 교집합(앤드 연결)을 구성할 수 있을까? 이 구성 작업들은, 고전적인 집합들과 고전 논리에서와 달리, 그리 간단하지 않다.

여전히 가장 간단한 것은 부정이다. 속성 "크다"가 특정 함수를 통해 정의된다면, 1에서 그 '크다 값'을 뺀 결과를 '크지-않다 값'으로 삼을 수 있다. 즉, "크지-않다"를 다음처럼 정의할 수 있다.

$$\text{크지-않다}(x) = 1 - \text{크다}(x)$$

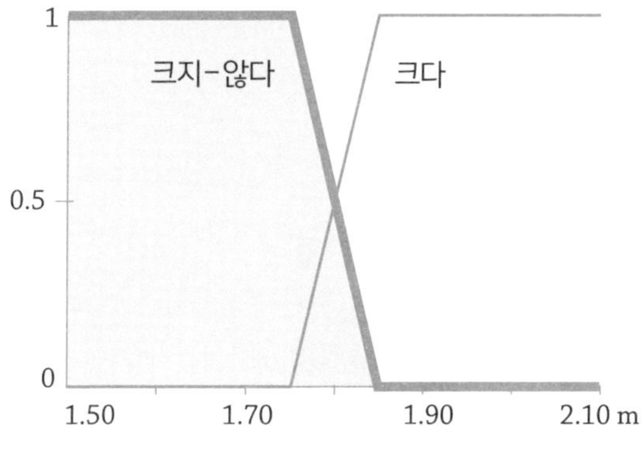

그렇게 하면 고전 논리의 "진리들" 중 일부는 보존된다. 예컨대

"크지 않지 않다"는 "크다"와 동일하다는 진리가 유지된다. 그러나 한 대상은 크거나 크지 않거나 둘 중 하나라고 말하는 모순율은 이 두루뭉술한 논리에서 폐기된다. 위 그림에 따르면, 키 180센티미터인 사람은 똑같은 정도로(즉, 각각 0.5만큼) 키가 크고 또한 크지 않다.

퍼지 논리적인 '앤드'는 일상언어에서 어떻게 표현될까? 한 예를 보자. "함부르크 근처"에서 산다는 것은 무슨 뜻일까? "함부르크 근처"라는 개념은 퍼지 개념의 전형적인 후보자라고 할 만하다. 우리는 이 개념을 다음과 같이 정의하고자 한다. 함부르크에서 반경 20킬로미터 안에 사는 사람은 확실히 100퍼센트 함부르크 근처에서 산다. 또 반경 80킬로미터 바깥에 사는 사람은 전혀 함부르크 근처에 살지 않는다. 반경 20킬로미터와 80킬로미터 사이에서는 '함부르크-근처 값'이 1에서 0으로 선형으로(일차함수로) 하강한다. 이를 그래프 대신에 다음처럼 회색 그림으로 표현할 수도 있다.

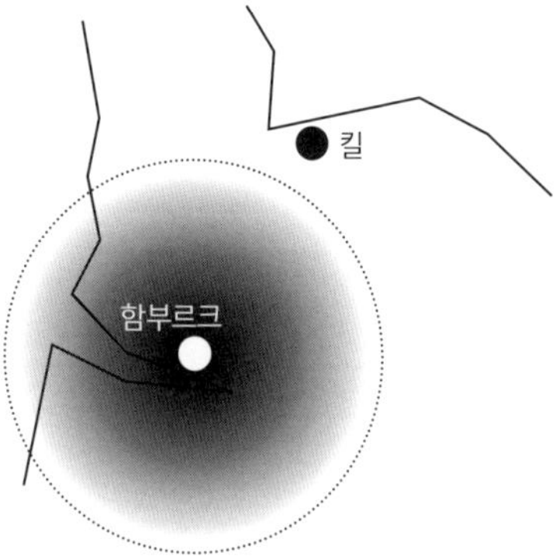

이제 우리는 함부르크 근처와 킬 근처를 합하여 함부르크 근처 또는(오어) 킬 근처인 모든 지점들의 집합을 구성할 수 있다.

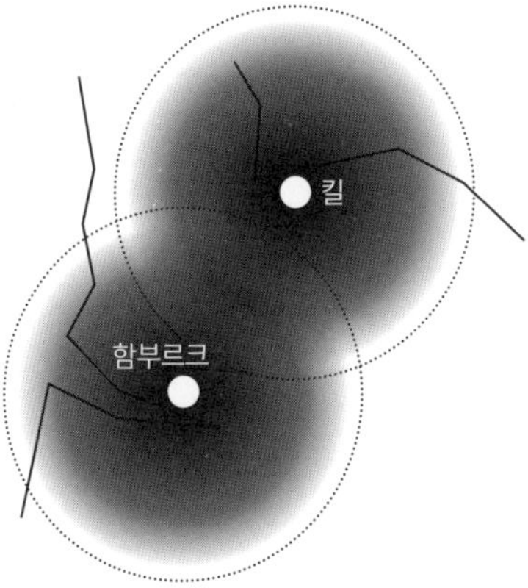

또 함부르크 근처 그리고(앤드) 킬 근처인 모든 지점들로 이루어진 교집합도 구성할 수 있다.

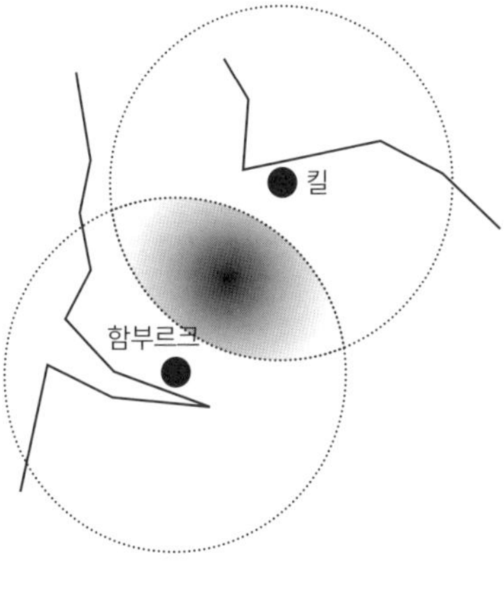

이 작은 교집합 안에는 완전히 검은 지점이 한 곳도 없다. 왜냐하면 두 도시 중 하나에 정말로 가까운 지점은 이 교집합에 속하지 않기 때문이다.

이런 사정을 엄밀한 수학의 언어로 표현하려면 어떻게 해야 할까? 여러 개념들을 사용할 수 있다. 예컨대 앞선 이야기에서 중고차 상인의 아들은 속성 '빠름' 그리고(앤드) '낡지 않았음' 그리고 '가격이 적당함' 그리고 '멋짐'을 가진 차를 골라내기 위해 평균값을 계산했다. 그러나 현실의 적용 사례에서 사람들은 두 값 가운데 작은 값을 채택하는 방식으로 앤드 연결을 정의하는 경우가 더 많다. 한 지점이 "함부르크 근처"인 정도를 $N_{\mathrm{H}}(x)$, "킬 근처"인 정도를 $N_{\mathrm{K}}(x)$라고 하면, "함부르크 근처 그리고 킬 근처"는 일반적으로 다음과 같이 정의된다.

$$N_{H \text{ and } K}(x) = \min(N_H(x), N_K(x))$$

(min(x, y)는 x와 y 가운데 작은 값을 뜻함—옮긴이)

다음 그림은 함부르크와 킬을 잇는 직선도로에서 "함부르크 근처" 값과 "킬 근처" 값이 어떻게 변화하는지 보여준다. (두 도시 사이의 거리를 100킬로미터로 상정하고, 함부르크에서 떨어진 거리를 수평좌표로 삼았다.)

그 도로 구간의 중간 지점에 사는 사람들은 누구보다 먼저 자신의 집이 함부르크 근처일 뿐더러 또한 킬 근처여서 좋다고 주장할

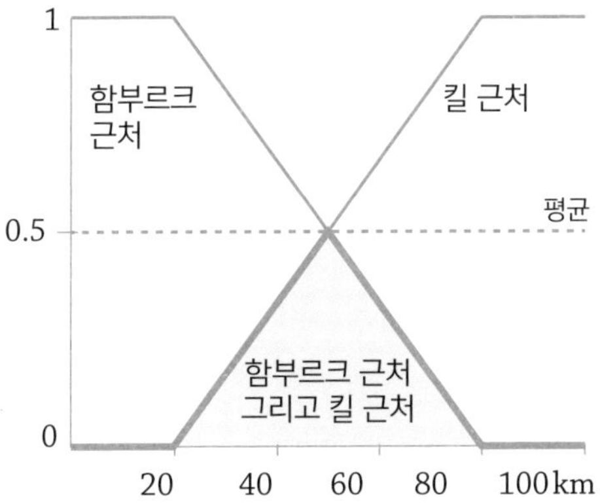

것이 틀림없다. 반면에 $N_{\mathrm{H}}(x)$와 $N_{\mathrm{K}}(x)$의 평균값은 그 도로 구간의 모든 지점에서 동일하다.

만약에 이야기 속 중고차 상인의 아들이 최솟값 원리를 채택했더라면 볼보가 선택되었을 것이다. 그 중고차의 최저 점수는 연령 평가에서 받은 0.4다. 반면에 벤츠의 최저 점수는 0.3이다. 그러나 이 사례에서 나머지 평가 기준 세 개를 무시하고 볼보를 선택하는 것은 부적절할 듯하다.

이 예들이 보여주듯이, 퍼지 논리에서는 논리 연산자 "앤드"와 "오어"의 명확한 정의가 없다. 어떤 정의가 우리의 일상을 가장 잘 반영하는지 단언할 수 없다. "함축"(*A*에서 *B*가 도출된다) 연산자는 이미 고전 논리에서도 많은 문제를 일으키는데, 퍼지 논리에서는 더 말할 것도 없다.

이 밖에도 몇 가지 이유 때문에 퍼지 논리는 이론 논리학자들의 호감을 사실상 전혀 얻지 못했다. 일단 퍼지 논리에서는 진리표를 이용한 연구가 불가능하다. 그러나 퍼지 논리의 가장 큰 약점은 일반적인 추론 규칙들을 세울 수 없다는 것이다. 반면에 고전 논리의 강점은 추론이 눈부시게 깨끗할뿐더러 명제들의 의미와 무관하다는 점이다. 퍼지 논리에서는 그런 일반적인 추론이 불가능하며 항상 맥락을 따져야 한다. 앞서 들었던 예를 다시 보자.

이탈리아인의 대다수는 머리카락이 어두운 색이다.
머리카락이 어두운 색인 사람의 대다수는 눈동자가 갈색이다.
따라서 이탈리아인의 대다수는 눈동자가 갈색이다.

당신은 여전히 이 추론이 충분히 설득력 있다고 여길지도 모르겠다. 그러나 다른 명제들을 집어넣으면, 이 추론은 터무니없게 된다.

베를린 시민의 대다수는 독일인이다.
독일인의 대다수는 엘베강 서쪽에 산다.
따라서 베를린 시민의 대다수는 엘베강 서쪽에 산다.
(엘베강은 베를린보다 한참 동쪽에 있다—옮긴이)

요컨대 아쉬운 일이지만, 불명확한 개념들은 불명확한 판단(때로는 틀린 판단)을 낳을 수 있다. 불명확한 개념들이 낳는 것은 판단이라기보다 선입견인 경우가 많다. 더 자세히 살펴보면 거짓으로 밝혀지는 선입견 말이다.

만약에 기계적 과정의 제어에 훌륭하게 응용되지 않았다면, 퍼지 논리는 어쩌면 세간에 전혀 알려지지 않은 이론으로 머물렀을 것이다. 제어공학자는 인간이 특정한 과정들을 수행할 때 채택하는 체험적heuristic 방식을 퍼지 논리를 가지고 흉내 낼 수 있다. 배에 선적된 컨테이너를 크레인으로 옮겨 화물차에 싣는 임무를 수행해야 하는 크레인 조종사를 생각해보자. 관건은 크레인에 매달린 컨테이너를 신속하게 옮기면서도 컨테이너의 흔들림을 최대한 줄이는 것이다. 크레인에 매달린 컨테이너의 흔들림을 서술하는 물리학 방정식들이 당연히 있다. 그러나 크레인 조종사는 그 방정식들을 모른다. 더구나 그는 크레인이 움직이는 속도의 정확한 측정값이나 컨테이너의 방향이 화물차 짐칸의 방향과 얼마나 어긋났는지에 대한 정확한 측정값도 모른다. 그럼에도 몇 년 정도 경험을 쌓은 조종사라면 '어림규칙들rules of thumb'을 무의식적으로 알고 자동으로 실행한다. 이를테면 "컨테이너가 약간 오른쪽으로 흔들리면, 크레인을 같은 방향으로 약간 움직여라" 같은 어림규칙을 말이다. 이런 두루뭉술한 규칙들에 따라서 조종사는 크레인을 조종한다.

고전적인 기계 제어에서 이와 유사한 정확도의 조종을 성취하려면 항상 상황을 물리학적으로 정확하게 기술할 필요가 있다. 반면에 퍼지 제어는 (기술적 시스템을 수학적으로 완벽하게 서술하기가 전혀 불가능한 상황에서도) 인간의 두루뭉술한 어림규칙들을 명확한 지침들로 변환한다. 이 변환은 세 단계로 진행된다.*

1. 정확한 입력 값들, 이를테면 기계의 센서들에서 온 값들을 퍼지화fuzzification한다. 즉, 정확한 값들이 불명확한 퍼지 개념들로 번역된다. 예컨대 정확한 속도 값이 "느린 속도"나 "중간 속도", 또는 "아주 빠른 속도"라는 퍼지 값으로 번역된다.
2. 그 퍼지 값에 방금 전에 예로 든 것 같은 퍼지 규칙들을 적용하여 "조심스럽게 가속페달을 밟아라!" 같은 퍼지 출력을 얻는다.
3. 이 불명확한(어쩌면 서로 모순되기까지 하는) 퍼지 출력들을 다시 명확한 출력 값 하나(또는 여러 개)로 변환하여 기계에 적합한 지침으로 만든다(이 변환을 탈퍼지화defuzzification라고 한다).

이 기술의 환상적인 장점은 모든 세부사항을 이해하지 못한 과정을 비교적 신속하게 제어할 수 있게 해준다는 것에 있다. 사람이 환경을 지배하는 물리학 법칙들을 모르고도 환경 안에서 행동하는 것과 유사하게 기계적 과정을 제어하게 해준다는 말이다.

1990년대에 일부 공학자들은 퍼지 기술에 환호했다. 그 환호가

* 여러 해 전에 나는 이런 기계 제어와 그밖에 퍼지 논리에 관한 흥미로운 내용을 담은 책 『퍼지 논리*Fuzzy Logic? Methodische Einfuhrung in krauses Denken*』를 썼다. 로로로rororo 출판사에서 나온 그 책은 현재 안타깝게도 중고서점에서만 구할 수 있다.

약간 잦아든 지금, 퍼지 논리는 제어공학에서 쓰는 다양한 도구들 중 하나다. 반면에 일부 퍼지 이론가들이 구성한 철학적 상부구조는 정보학과 수학의 주류에 거의 영향을 미치지 못한 채 각주 정도의 지위에 머물러 있다.

퍼지 논리 옹호자들이 끊임없이 제기해온 비판은 고전 논리의 흑백 사고가 현실을 불완전하게만 반영한다는 것이다. 1장에서 나는 언젠가 사람들이 어떤 논증도 주고받을 필요 없이 계산만으로 논쟁을 해결하게 되리라는 라이프니츠의 생각을 거론했다. 그러나 이 생각은 벌써 인간 언어의 불명확성 앞에서 물거품으로 돌아간다. 퍼지 이론가 베른트 데만트는 1993년에 이렇게 썼다. “명확한 언어로 대화하라는 격앙된 요구는 대화를 한낱 정보 교환으로 축소시키고, 사용된 개념들에 대한 끝없는 싸움을 유발할 것이다. 혹은 그보다 먼저 대화가 자신의 황량함에 질식사할 것이다.”

확실히 옳은 말이다. 그러나 인간 언어의 불명확성에 관한 일반 이론을 개발하는 것은 퍼지 논리도 해내지 못한 과업이다. 곰곰이 생각해보면, 우리가 생각을 분석하고 증명하고 반박하기 위한 도구로서 칼날처럼 예리한 논리를 가지고 있다는 것, 그리고 우리의 삶에는 그 논리로 영원히 접근할 수 없을 영역들이 여전히 충분히 많다는 것은 어쩌면 축복일 것이다.

부록

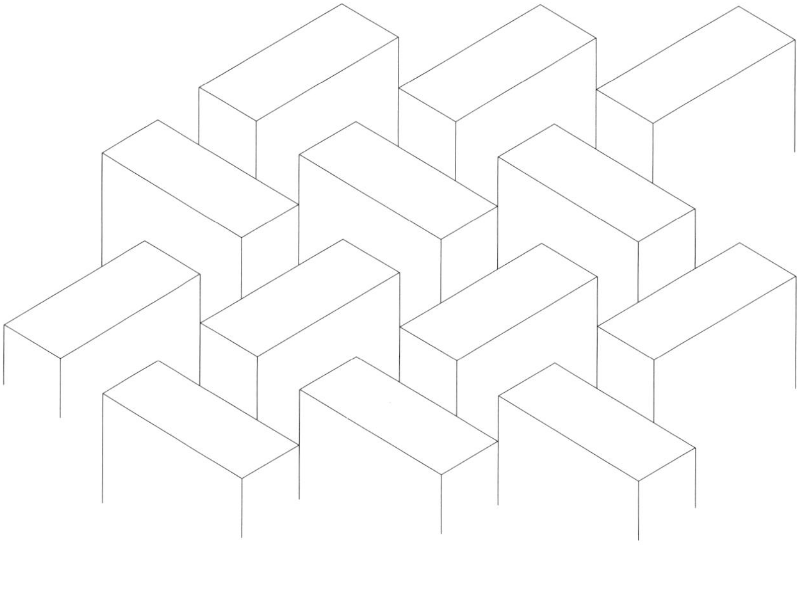

부록 1

연습문제 풀이

<4장>

노르웨이 남자가 물을 마시고, 일본 남자가 얼룩말을 키운다. 문제에서 언급된 속성들의 대응 관계 전체는 다음과 같다.

집	1	2	3	4	5
색깔	노란색	파란색	빨간색	흰색	녹색
국적	노르웨이	우크라이나	영국	스페인	일본
음료	물	차	우유	오렌지주스	커피
담배	쿨스	체스터필드	올드골드	럭키 스트라이크	팔러먼트
애완동물	여우	말	달팽이	개	얼룩말

<5장>

우리 손자들은 어쩌면 이 풀이를 이해하지 못하게 될 것이다. 왜냐하면 이 풀이는 백열등이(또한 에너지 절약형 전구도) 빛과 더불어 열을 낸다는 사실을 기초로 삼기 때문이다. 우선 1번 스위치를 켜라. 그 상태에서 몇 분이 지난 뒤에 1번 스위치를 끄고 2번 스위치를 켠 다음에 지하실로 내려가라. 전구가 켜져 있다면, 2번 스위치가 정답이다. 전구가 꺼져 있고 따뜻하다면, 1번 스위치가 정답이다. 전구가 꺼져 있고 차갑다면, 3번 스위치가 정답이다.

<6장>

주어진 전제들은 다음과 같다.

1. 자신이 무기를 잘 갖췄는지 의심하는 상어는 없다.
2. 왈츠를 출 수 없는 물고기는 가련하다.
3. 최소한 세 겹으로 배열된 이빨을 가지지 못했으면서 자신이 무기를 잘 갖췄다고 확신하는 물고기는 없다.
4. 상어만 빼고 모든 물고기는 아이들에게 우호적이다.
5. 무거운 물고기는 왈츠를 출 수 없다.
6. 최소한 세 겹으로 배열된 이빨을 가진 물고기는 가련하지 않다.

문제는 이것이다.

위 명제들을 전제하면 다음 명제가 참임을 증명하라.
"모든 무거운 물고기는 아이들에게 우호적이다."

문제를 정식으로 풀려면 우선 술어 'x는 물고기다'를 정의해야 할 것이다. 그러나 이 문제에 등장하는 모든 명제는 물고기에 관한 것이므로, 애당초 모든 대상들의 집합을 모든 물고기들의 집합으로 제한함으로써 'x는 물고기다'라는 술어를 정의하는 작업을 건너뛸 수 있다. 그러면 형식적인 수고를 많이 덜 수 있다.

이제 다음과 같이 술어들을 정의하자.

Hx : "x는 상어다."

Wx : "x는 왈츠를 출 수 있다."

Mx : "x는 가련하다."

Kx : "x는 아이들에게 우호적이다."

Bx : "x는 자신이 무기를 잘 갖췄다고 확신한다."

Zx : "x는 최소한 세 겹으로 배열된 이빨을 가졌다."

Sx : "x는 무겁다."

주어진 전제들을 형식화하면 다음과 같다.

1. $\neg \exists x (Hx \wedge \neg Bx)$
2. $\forall x (\neg Wx \rightarrow Mx)$
3. $\neg \exists x (Bx \wedge \neg Zx)$
4. $\forall x (\neg Hx \rightarrow Kx)$
5. $\forall x (Sx \rightarrow \neg Wx)$
6. $\forall x (Zx \rightarrow \neg Mx)$

문제는 위 전제들에 기초하여 다음 명제를 증명하라는 것이다.

$\forall x(Sx \rightarrow Kx)$

증명을 시작하기 전에, 논리식 1과 3에 나오는 존재 양화사 부정이 보기에 썩 내키지 않으므로, 양화사 부정 규칙(QN)을 적용하여 그것들을 제거하자. (술어 논리의 모든 변형 규칙들을 이 부록에 다시 수록해놓았다.)

1′. $\forall x(\neg Hx \vee Bx)$ (1 QN)
3′. $\forall x(\neg Bx \vee Zx)$ (2 QN)

위 식들에 함축 규칙(Impl)을 적용하여 다음처럼 "만일 …라면, …다" 형태로 변형할 수 있다.

1″. $\forall x(Hx \rightarrow Bx)$ (1′ Impl)
3″. $\forall \mathrm{x}(Bx \rightarrow Zx)$ (3′ Impl)

이로써 우리는 "만일 …라면, …다" 형태의 전제 6개를 확보했다. 잠시 후 그 전제들은 아름다운 긍정 논법 사슬로 연결될 것이다.

증명 방법은 귀류법이다. 귀류법에서는 전제들에서 결론을 직접 도출하지 않는다. 도리어 결론이 거짓이라고 가정한 다음에, 이 가정과 전제들에서 모순을 도출한다. 문제에서 증명하라는 결론의 부정을 7번 전제로 추가하고 약간 변형하자.

7. $\neg \forall x(Sx \rightarrow Kx)$

7′. $\exists x(\neg(Sx \rightarrow Kx))$ (7 QN)

7″. $\exists x(\neg(Kx \vee \neg Sx))$ (7′ Impl)

7‴. $\exists x(\neg Kx \wedge Sx)$ (7″ DM)

마지막 명제를 말로 풀면 다음과 같다. '아이들에게 우호적이지 않은 무거운 물고기가 있다.' 그 물고기를 f라고 하자. 그러면 다음 식들이 성립한다.

8. $\neg Kf$

9. Sf

우리의 모든 전제들은 보편 명제이므로 f에 대해서도 타당하다. 그러므로 전제들에서 양화사를 없애고 괄호 속의 식에서 x를 f로 바꿀 수 있다. 그러면 긍정 논법(MP)을 적용할 준비가 끝난다.

10. $\neg Wf$ (5, 9 MP)
11. Mf (2, 10 MP)

이 식들은 Sf에서 도출된다. 그럼 $\neg Kf$에서는 무엇을 도출할 수 있을까? 당장엔 아무것도 도출할 수 없다. 그러나 명제 4를 다음처럼 적당히 변형하면, 상황이 달라진다.

4′. $\forall x(\neg Kx \rightarrow Hx)$ (4 Contra)

이제 다음과 같은 명제들이 도출된다.

12. Hf (4′, 8 MP)
13. Bf (1″, 12 MP)
14. Zf (3″, 13 MP)
15. $\neg Mf$ (6, 14 MP)

명제 11은 f가 가련하다는 것이다. 그런데 명제 15는 f가 가련하지 않다는 것이다. 요컨대 우리는 원래 전제들과 추가된 7번 전제에서 한 명제와 그것의 부정을 도출했다. 따라서 (원래 전제들은 참이라고 인정해야 하므로) 7번 전제가 거짓일 수밖에 없다. 그러므로 문제에 제시된 결론은 참이다. 모든 무거운 물고기는 아이들에게 우호적이다!

<7장>

1. 만약에 멘다치노 사람에게 질문 두 개를 던질 수 있다면, 간단히 길을 찾을 수 있을 것이다. 우선 명백한 사실에 관한 질문을 던져서 그가 거짓말쟁이인지 여부를 알아낸 다음에 길을 묻는 질문을 던지면 될 테니까 말이다. 이 문제를 푸는 묘수는 거짓말쟁이가 "이중 거짓말"을 할 수밖에 없도록 질문을 구성하는 것이다. 그런 질문은 여러 가지다. 예컨대 당신이 마주친 멘다치노 사람에게 이렇게 물어라.

"당신과 다른 유형의 멘다치노 거주자는 이 길이 중심 마을로 가는 길이라고 말할까요?" 그러면서 당신은 두 길 중 하나를 가리킨다. 참말쟁이는 당신이 가리킨 길이 옳은 길이라면 "아니요"라고 대답하고 틀린 길이라면 "예"라고 대답할 것이다. 그럼 거짓말쟁이는 어떻게 대답할까? 곰곰이 따져보면, 참말쟁이와 똑같이 대답할 수밖에 없다. 그러므로 당신이 한 길을 가리켰을 때 현지인이 "아니요"라고 대답하면, 그 길이 옳은 길이다.

"만약에 당신이 30분 전에 나와 마주쳤다면, 이 길이 중심 마을로 가는 길이라고 말했을까요?"라고 물을 수도 있다. 그러면 참말쟁이는 진실대로 대답할 것이다. 또한 거짓말쟁이도 결국 옳은 대답을 할 수밖에 없다. 따라서 당신은 현지인의 대답을 신뢰해도 된다.

2. 문제에서 우리는 섬사람 한 명만을 만나지만, "나는 빗자루를 씹어먹는다"의 진위도 따져야 한다. 술어 "x는 빗자루를 씹어먹는다"를 Bx로 표기하자. Wx는 "x는 참말쟁이다"를 나타낸다. 그러면 다음 진리표를 작성할 수 있다.

Wc	Bc	$c: Wc \rightarrow Bc$	일관적인가?
T	T	T	+
T	F	F	−
F	T	T	−
F	F	T	−

표에서 보듯이, 거짓말쟁이는 "내가 참말쟁이라면, 나는 빗자루를 씹어먹지요"라는 대답을 어떤 경우에도 할 수 없다. 그 이유는 앞선 장들에서도 혼란을 일으켰던 논리적 함축의 정의에 있다. 거

짓 문장에서는 모든 것을 도출할 수 있다. 조건문의 전제가 거짓이면, 문장 전체는 항상 참이다. 그런데 거짓말쟁이는 참인 문장을 발설할 수 없으므로 "내가 참말쟁이라면, 나는 빗자루를 씹어먹지요"라는 말은 거짓말쟁이의 입에서 나올 수 없다. 따라서 찰리는 참말쟁이일 수밖에 없다. 그러므로 찰리는 빗자루를 씹어먹는다.

3. 이 문제에서도 직관과 상당히 어긋나는 논리적 함축의 정의가 풀이의 열쇠다. "데니스는 참말쟁이다"를 Wd로, "엘렌은 참말쟁이다"를 We로 나타내면, 데니스의 대답 "엘렌이 참말쟁이라면, 나는 거짓말쟁이에요"는 $We \rightarrow \neg Wd$로 기호화된다. 이제 진리표를 작성해보자.

Wd	We	d: $We \rightarrow \neg Wd$	일관적인가?
T	T	F	–
T	F	T	+
F	T	T	–
F	F	T	–

이번에도 금세 알 수 있듯이, 데니스가 거짓말쟁이라면 위의 대

답을 할 수 없다. 왜냐하면 이 경우에는 조건문 $We \rightarrow \neg Wd$의 귀결이 참이 되어 전체 문장이 참이 되기 때문이다. 따라서 데니스는 참말쟁이다. 그러므로 위 대답이 참이 되기 위하여 엘렌은 거짓말쟁이여야 한다.

4. 이 문제에서 우리는 섬사람 세 명이 등장하는 진리표, 곧 8행짜리 진리표를 작성해야 한다. 게다가 각각 프리츠와 기나가 발설한 명제 두 개의 진릿값을 따져야 한다. 하지만 프리츠의 대답이 비일관적인 경우들에서는 기나의 대답을 따져볼 필요조차 없으므로 풀이의 수고를 덜 수 있다. 나는 기나의 대답을 논리 연산자들로 기호화하지 않았다. 왜냐하면 "우리 중에 딱 한 명만 참말쟁이에요"라는 발언은 상당히 복잡하기 때문이다. 대신에 나는 "딱 한 명만 Wx"라는 축약 표현을 선택했다. Wx는 "x는 참말쟁이다"를 나타낸다.

보다시피 프리츠의 대답이 일관적인 경우는 세 개밖에 없다. 그 세 경우 가운데 기나의 대답이 일관적인 경우는 단 하나다. 그 유일한 경우가 정답이며, 따라서 프리츠와 하이케는 거짓말쟁이, 기나는 참말쟁이다.

Wf	Wg	Wh	f: $\neg Wf \wedge \neg Wg \wedge \neg Wh$	f는 일관적인가?	g: 딱 한 명만 Wx	g는 일관적인가?
T	T	T	F	–		
T	T	F	F	–		
T	F	T	F	–		
F	T	T	F	+	F	–
T	F	F	F	–		
F	T	F	F	+	T	+
F	F	T	F	+	T	–
F	F	F	T	–		

5. 몇 가지 사항을 설명할 필요가 있다. 첫째, 제니의 대답은 무조건 거짓일 수밖에 없다. 멘다치노 섬 사람이라면 유형과 상관없이 어느 누구도 "나는 거짓말쟁이다"라고 말할 수 없으니까 말이다. 이 때문에 다음 진리표의 넷째 열에는 진릿값 F만 등장하며, 우리는 제니가 거짓말쟁이인 경우들만 살펴볼 필요가 있다. 둘째, 쿠르트의 발언, 곧 "제니는 거짓말을 하고 잉고는 참말을 한다"를 둘로 나눠서 각각 다른 열에 배치하는 것이 중요하다. 만약에 그 발언을 한꺼번에 고찰하면, 마지막 행도 일관적인 경우가 된다! 하지만 그 발언을 다음 진리표에서처럼 둘로 나눠 고찰하면, 웅얼

거리는 잉고가 참말을 했고, 제니의 명백한 거짓말이 유일한 거짓말이라는 것이 드러난다.

Wi	Wj	Wk	j: "i: $\neg Wi$"	j는 일관적인가?	k: $\neg Wj$	k: Wi	k는 일관적인가?
T	T	T	F	−			
T	T	F	F	−			
T	F	T	F	+	T	T	+
F	T	T	F	−			
T	F	F	F	+	T	T	−
F	T	F	F	−			
F	F	T	F	+	T	F	−
F	F	F	F	+	T	F	−

6. 멘다치노 섬 사람 x와 y가 같은 유형이라는 명제를 논리식 "$Wx \leftrightarrow Wy$"로 나타낼 수 있다. 우리는 롤라의 대답이 일관적인 경우들만 살피면서 '롤라와 미미는 같은 유형일까?'라는 질문을 숙고한다. 그런 다음에 '니나의 일관적인 대답은 무엇이어야 할까?'를 따져보면 문제가 풀린다. 니나의 대답은 "예"일 수밖에 없다.

Wl	Wm	Wn	l: $Wm \leftrightarrow Wn$	l은 일관적인가?	$Wl \leftrightarrow Wm$	니나의 일관적인 대답
T	T	T	T	+	T	예
T	T	F	F	−		
T	F	T	F	−		
F	T	T	T	−		
T	F	F	T	+	F	예
F	T	F	F	+	F	예
F	F	T	F	+	T	예
F	F	F	T	−		

이 문제의 묘미는 우리가 니나의 대답을 미리 알 수 있지만 거기에서 더 나아갈 수 없다는 점에 있다. 우리는 세 사람 각각이 어떤 유형인지 모르고 롤라의 대답이나 니나의 대답이 참인지 여부도 모른다.

7. 거짓말쟁이들의 수는 1부터 100까지의 자연수 중 하나다. 그리고 그 자연수를 말한 멘다치노 사람만 참말쟁이다. 따라서 거짓말쟁이는 99명이고, 99번째로 대답한 사람이 유일하게 참말을 한 것이다.

8. 거짓말쟁이들의 수를 x라고 하면, 1번째 섬사람부터 x번째 섬사람까지는 참말을 한 것이고, $(x+1)$번째 섬사람부터 100번째 섬사람까지는 거짓말을 한 것이다. 그런데 $(x+1)$번째 섬사람부터 100번째 섬사람까지는 총 $(100-x)$명이다. 따라서 아래 등식이 성립한다.

$$x = 100 - x$$

이 일차방적식을 풀면, 멘다치노 거주자 가운데 정확히 50명이 거짓말쟁이, 50명이 참말쟁이라는 결론이 나온다.

<10장>

3번 문의 안내판을 누가 설치했을까? 프란츠가 설치했다고 가정해보자. 그러면 거기에 적힌 문장은 거짓이다. 따라서 프란츠가 설치한 안내판은 최대 1개, 다시 말해 바로 그 3번 안내판이다. 그렇다면 나머지 안내판 두 개는 한스가 설치했다는 것인데, 이것은 있을 수 없는 일이다. 왜냐하면 상품은 딱 한 문 너머에만 있을 수 있기 때문이다. 그러므로 3번 안내판은 한스가 설치한 것이고, 거기에 적힌 문장은 참이다. 그렇다면 나머지 안내판 두 개는 프란츠가 설치한 것이며, 그림은 1번 문 너머에도 없고 2번 문 너머에도 없다. 결론적으로 그릴은 3번 문 너머에 있다.

<11장>

2. 1번 문제에서처럼 앞뒤로 나란히 선 참가자들을 뒤에서부터 A, B, C라고 하고, 커튼 너머에 선 참가자를 D라고 하자. 만일 B와 C가 똑같은 색깔의 모자를 썼다면, A는 자기 모자 색깔을 단박에 알 것이다. 검은색 모자도 2개뿐이고, 빨간색 모자도 2개뿐이니까 말이다. 그런데 "잠시 침묵이" 흘렀으므로, B의 모자 색깔과 C의 모자 색깔은 다르다고 판단할 수 있다. 따라서 B는 잠시 기다린 뒤에, C가 검은색 모자를 썼다면 자기는 빨간색 모자를 썼다고, 거꾸로 C가 빨간색 모자를 썼다면 자기는 검은색 모자를 썼다고 외칠 수 있다.

(커튼 너머의 D는 이 문제 및 풀이와 아무 상관이 없다. 1번 문제에서처럼 참가자를 3명으로 설정하고, 빨간색 모자 2개와 검은색 모자 2개 가운데 3개를 골라서 A, B, C에게 씌우는 것을 조건으로 삼아도, 이 문제와 똑같은 문제가 만들어진다.)

3. 참가자 각각은 이렇게 추론한다. "내 눈에 빨간색 모자 2개가 보인다. 내 모자는 빨간색이거나 검은색이다. 만일 검은색이라면, 나머지 참가자 둘은 모두 이렇게 추론할 것이다. '내 눈에 빨

간색 모자 1개와 검은색 모자 1개가 보인다. 만일 내 모자가 검은색이라면, 빨간색 모자를 쓴 참가자는 검은색 모자 2개를 볼 것이다. 그런데 그 참가자는 손을 들었다. 따라서 내 모자는 빨간색일 수밖에 없다.' 이어서 그들은 '내 모자는 빨간색이다!'라고 외칠 것이다. 그런데 그들 중 누구도 그렇게 하지 않는다. 따라서 내 모자는 검은색이 아니라 빨간색이다." 모든 참가자가 동등하게 영리하므로, 이 추론을 동시에 마친 참가자 세 명이 한꺼번에 "내 모자는 빨간색이다!"라고 외친다.

4. 풀이의 열쇠는 이 게임이 공정하다는 언급에 있다. 즉, 세 참가자 가운데 누군가에게 유리한 게임이 되어서는 안 된다. 참가자들이 자기 모자 색깔을 알아낼 개연성이 동등하려면, 어떤 모자들을 선택해야 할까? 빨간색 모자 2개와 검은색 모자 1개는 확실히 불공정하다. 가용한 빨간색 모자가 2개뿐이므로, 검은색 모자를 쓴 참가자는 단박에 자기 모자 색깔을 알 테니까 말이다. 그럼 검은색 모자 2개와 빨간색 모자 1개는 가능할까? 모자들을 그렇게 선택하면, 검은색 모자를 쓴 두 사람에게 유리한 게임이 된다. 그들 각각은 검은색 모자 1개와 빨간색 모자 1개를 보면서 이렇게 추론할 것이다. '만약에 내 모자가 빨간색이라면, 모자 조합이 빨간색–빨간색–검은색이 되어 게임이 불공정해진다. 따라서 내 모

자는 검은색이다.' 이처럼 그들은 (빨간색 모자를 쓴) 셋째 참가자보다 더 쉽게 자기 모자 색깔을 알아낼 수 있다. 따라서 검은색 모자 2개와 빨간색 모자 1개도 불공정한 선택이다.

결론적으로 오직 검은색 모자 3개만이 공정한 선택이다. 이 추론은 무대에 조명이 들어오지 않아도 할 수 있다. 참가자들은 어둠 속에서 이미 알아낸 정답을 조명이 켜짐과 동시에 외친다.

5. B는 똑같은 질문을 두 번째로 받았을 때 이렇게 추론한다. "내가 빨간색 모자 2개를 썼다고 가정해보자. 그러면 A는 두 번째로 질문을 받았을 때 이렇게 추론했을 것이다. 'B는 빨간색 모자 2개를 썼다. 나도 빨간색 모자 2개를 썼다면, C는 빨간색 모자 4개를 보았을 테고 따라서 자기가 검은색 모자 2개를 썼다는 것을 알아냈을 것이다. 그러나 C는 그렇게 하지 못했다. 따라서 나는 빨간색 모자 2개를 썼을 리 없다. 그럼 나는 검은색 모자 2개를 썼을까? 만일 그렇다면 C는 자신이 빨간색 모자 2개를 쓴 것도 아니고 검은색 모자 2개를 쓴 것도 아님을 알아낼 수 있었을 것이다. 왜냐하면 그 두 경우에는 C보다 먼저 B나 내가 자신이 어떤 모자들을 썼는지 알아냈을 테니까 말이다. 그러므로 나는 빨간색 모자 2개를 쓴 것도 아니고 검은색 모자 2개를 쓴 것도 아니라 빨간색 모자 1개와 검은색 모자 1개를 썼다.' 그러나 A는 정답을 대

지 못했다. 따라서 나는 빨간색 모자 2개를 쓰지 않았다. 똑같은 형식의 추론에 따라서, 나는 검은색 모자 2개를 썼을 리도 없다. 결론적으로 나는 빨간색 모자 1개와 검은색 모자 1개를 썼다!"

다른 사람들, 곧 A와 C가 어떤 모자들을 썼는지는 확실히 알아낼 수 없다.

다음과 같은 메타-추론을 이용하면 문제를 더 빨리 풀 수 있다. 문제에서 검은색과 빨간색은 똑같은 조건들 아래에 있다. 즉, 검은색과 빨간색이 대칭이다. 그러므로 풀이에서도 빨간색을 검은색으로, 검은색을 빨간색으로 대체할 수 있어야 한다. 그런데 이 교환은 B가 서로 다른 색깔의 모자 2개를 썼을 때만 가능하다.

6. 이 문제에서는 진행자가 질문을 던진 후에 생각할 시간을 주는 것이 중요하다. 검은색 모자를 쓴 사람들은 "한동안" 생각하기를 여러 번 거듭해야만 자신의 모자 색깔을 알아낼 수 있다.

검은색 모자를 쓴 사람이 2명이라고 가정해보자. 그러면 그들 각자는 검은색 모자 1개와 빨간색 모자 8개를 볼 것이므로 곧바로 '나는 검은색 모자를 썼다'는 것을 알아챌 것이다. 그러나 진행자의 요청에 아무도 손을 들지 않았다. 따라서 검은색 모자의 개수는 최소 3개다. 참가자들은 모두 영리하므로 이 같은 추론을 완료하고 다음 추론을 이어간다. 만일 한 참가자가 검은색 모자 2개를 본다면, 그는 진행자의 두 번째 질문에 곧바로 손을 들 것이다. 그러나 두 번째 질문에도 손을 드는 사람이 없다. 따라서 검은색 모자를 쓴 사람은 최소 4명이다. 그리고 그들은 진행자의 세 번째 질문에 손을 들어야 마땅하다. 그러나 세 번째 질문에도 손을 드는 사람이 없다. 따라서 검은색 모자를 쓴 사람은 최소 5명이다. 그들은 네 번째 질문에 손을 들어야 마땅하다. 그러나 이번에도 손을 드는 사람이 없다. 따라서 검은색 모자를 쓴 사람은 최소 6명이다. 이어서 진행자가 다섯 번째로 묻자, 검은색 모자 5개를 보는 참가자들이 모두 손을 든다. 그들은 6명, 검은색 모자는 총 6개다.

7. 무대에 오른 둘째 참가자는 첫째 참가자를 볼 수 있다. 첫째 참가자가 검은색 모자를 썼다면, 둘째 참가자는 그의 오른쪽에 서고, 빨간색 모자를 썼다면, 그의 왼쪽에 선다. 다음 참가자들은, 무대 위에 똑같은 색깔의 모자들만 있을 경우에는, 둘째 참가자와 똑같이 한다. 그러나 무대 위에 빨간색 모자들과 검은색 모자들이 다 있을 경우에는 "가운데", 곧 각자 빨간색 모자와 검은색 모자를 쓰고 인접한 두 사람 사이에 선다. 이렇게 하면 빨간색 모자들과 검은색 모자들이 항상 무리를 짓게 되어 결국 검은색 모자들이 왼쪽에, 빨간색 모자들이 오른쪽에 나란히 모이게 된다.

부록 2
가장 중요한 논리식들

명제 논리

37쪽에서 언급했듯이, 명제 논리의 계산 전체를 단 하나의 연산자(난드)와 단 하나의 추론 규칙(긍정 논법)으로부터 도출할 수 있다. 그러나 이것은 현실적으로 너무나 번거로운 일이다. 그래서 실제 논리 증명에서는 여러 동치 관계(동치를 나타내는 기호는 ≡)와 추론 규칙들이 쓰인다.

다시 상기해보자. 논리 연산자 ¬, ∧, ∨, →, ↔는 2장에서 진리표를 통해 설명한 바 있다. 논리적 추론(논증)이 무엇인지는 3장에서 설명했지만 다시 요약하면 이러하다. 턴스틸(⊢) 왼쪽의 전제들에 몇 개의 규칙들을 적용하여 턴스틸 오른쪽의 명제를 도출하는 것이 추론(논증)이다. 이 추론이 양방향으로 성립하면, 턴스틸 왼쪽과 오른쪽은 동치이며 이 경우에는 턴스틸 대신에 삼중 등호(≡)를 기호로 쓴다.

이제부터 논리적 증명에서 사용해도 되는 유용한 규칙들을 열거하겠다.

동치 관계

이중부정: $A \equiv \neg(\neg A)$

교환법칙: $A \land B \equiv B \land A$

$A \lor B \equiv B \lor A$

결합법칙: $A \wedge (B \wedge C) \equiv (A \wedge B) \wedge C$

$A \vee (B \vee C) \equiv (A \vee B) \vee C$

분배법칙: $A \wedge (B \vee C) \equiv (A \wedge B) \vee (A \wedge C)$

$A \vee (B \wedge C) \equiv (A \vee B) \wedge (A \vee C)$

덧셈 및 곱셈에서와 달리, 논리에서는 가능한 두 가지 형태의 분배법칙이 모두 성립한다.

대우: $A \rightarrow B \equiv \neg B \rightarrow \neg A$

함축: $A \rightarrow B \equiv \neg A \vee B$

수출exportation: $A \rightarrow (B \rightarrow C) \equiv (A \wedge B) \rightarrow C$

드모르간의 법칙: $\neg (A \wedge B) \equiv \neg A \vee \neg B$

$\neg (A \vee B) \equiv \neg A \wedge \neg B$

동어반복: $A \wedge A \equiv A$

$A \vee A \equiv A$

동치: $A \leftrightarrow B \equiv (A \rightarrow B) \wedge (B \rightarrow A)$

$A \leftrightarrow B \equiv (A \wedge B) \vee (\neg A \wedge \neg B)$

추론 규칙

긍정 논법: $A \rightarrow B, A \vdash B$

부정 논법: $A \rightarrow B, \neg B \vdash \neg A$

결합: $A, B \vdash A \wedge B$

단순화: $A \wedge B \vdash A$

$A \wedge B \vdash B$

가산: $A \vdash A \vee B$

선언 삼단 논법: $A \vee B, \neg A \vdash B$

$A \vee B, \neg B \vdash A$

가언 삼단 논법: $A \rightarrow B, B \rightarrow C \vdash A \rightarrow C$

구성적 딜레마: $A \vee B, A \rightarrow C, B \rightarrow D \vdash C \vee D$

술어 논리

술어 논리에서는 명제 논리에서와 똑같은 추론 규칙들과 동치 관계들이 쓰인다. 술어 Px를 명제로 취급할 수 있기 때문이다. 다만, 술어 논리에서는 양화사들을 다루는 새 규칙들이 추가된다.

양화사 부정: $\forall x(Px) \equiv \neg \exists x(\neg Px)$

$\neg \forall x(Px) \equiv \exists x(\neg Px)$

$\exists x(Px) \equiv \neg \forall x(\neg Px)$

$\neg \exists x(Px) \equiv \forall x(\neg Px)$

양화사 분배: $\forall x(Px \wedge Qx) \equiv \forall x(Px) \wedge \forall x(Qx)$

$$\exists x(Px \lor Qx) \equiv \exists x(Px) \lor \exists x(Qx)$$

주의: 양화사 분배법칙은 보편 양화사-앤드 조합, 존재 양화사-오어 조합에서만 타당하다. 나머지 두 개의 조합(보편 양화사-오어, 존재 양화사-앤드)에 적용한 분배법칙은 보편적으로 타당하지 않다. 예컨대 "모든 사람은 남자이거나 여자다"에서 "모든 사람은 남자다. 또는 모든 사람은 여자다"를 도출하는 것은 타당하지 않다.

양화사 교환: $\forall x(\forall y(Pxy)) \equiv \forall y(\forall x(Pxy))$

$$\exists x(\exists y(Pxy)) \equiv \exists y(\exists x(Pxy))$$

주의: 동일한 유형의 양화사들만 교환할 수 있다. 다른 유형의 양화사들을 교환하면 논리적 불합리가 발생한다.

마지막으로 양화사의 도입과 제거에 관한 규칙 4개가 있다.

보편 예화: $\forall x\,(Px) \vdash Pa$

(한 명제가 모든 x에 대해서 타당하면, 그 명제는 임의의 구체적인 a에 대해서도 타당하다.)

존재 일반화: $Pa \vdash \exists x\,(Px)$

(한 명제가 구체적인 a에 대해서 타당하면, 그 명제와 상응하는 존재 명제 '그 명제를 만족시키는 x가 존재한다'도 타당하다.)

존재 예화: $\exists x(Px) \vdash Px$

(존재 명제가 타당하면, 그에 상응하는, 변수 x를 포함한 명제를 사용할 수 있다. 그러나 이 변수 x를 다른 변수들과 혼동하지 않도록 철저히 조심해야 한다.)

보편 일반화: $Px \vdash \forall x(Px)$

(이 일반화는 일반적으로 거짓이다. 오직 변수 x가 매우 엄격한 조건들을 충족시킬 때만, 보편 일반화가 타당하다.)

부록 3

체르멜로-프렝켈 집합론의 공리들

버트런드 러셀의 이율배반(172쪽 참조)은 수학에서 집합을 간단히 “순박하게” 구성할 수는 없으며 정해진 규칙들을 따라서 집합을 구성해야 한다는 것을 보여주었다. 그후 그런 이율배반들을 피하려는 의도로 다양한 공리 시스템들이 개발되었다. 에른스트 체르멜로와 아브라함 아돌프 프렝켈의 이름을 따서 명명된 체르멜로-프렝켈 집합론은 오늘날 가장 널리 쓰이는 공리 시스템이다. 이 시스템에서는 아직 이율배반이 발견되지 않았다. 그러나 다른 한편으로 이 시스템의 무모순성을 증명하기는 불가능하다는 것이 확실히 밝혀져 있다.

체르멜로-프렝켈 집합론의 공리들이 매우 추상적이라고 느끼는 독자도 있고 명명백백하다고 느끼는 독자도 있을 것이다. 아무튼 그 공리들은 현대 수학의 토대를 이루는데도 그것들을 아는 사람이 수학자들 중에서도 드물기 때문에, 이제부터 나는 그것들을 빠짐없이 나열하려 한다.

외연성 공리 *axiom of extensionality*

$\forall x \forall y (x = y \leftrightarrow \forall z (z \in x \leftrightarrow z \in y))$

이 공리의 의미는 집합이 그 원소들에 의해 규정된다는 것이다. 집합 x의 모든 원소 각각이 y의 원소이고 그 역도 참이라면, x와 y는 같다.

공집합 공리 *axiom of empty set*

$\exists x \forall y (y \notin x)$

어떤 원소도 갖지 않은 집합 x가 존재한다.

짝짓기 공리 *axiom of pairing*

$\forall x \forall y \exists z \forall u (u \in z \leftrightarrow u = x \vee u = y)$

두 대상 x와 y가 있으면, 항상 집합 $\{x, y\}$를 구성할 수 있다.

합집합 공리 *axiom of union*

$\forall x \exists y \forall z (z \in y \leftrightarrow \exists w (w \in x \wedge z \in w))$

논리식이 꽤 복잡하지만, 그 의미는, 집합 x에 대해서 x의 원소들의 원소들로 이루어진 집합 y를 구성할 수 있다는 것이다. 따라서 x의 원소들이 집합들이라면, 새 집합 y는 그 집합들의 합집합이다.

분류 공리 *axiom of specification*

$\forall x \exists y \forall z (z \in y \leftrightarrow z \in x \wedge Fz)$

F가 논리 술어라면, 임의의 집합 x에 대해서 그 원소들 가운데 속성 F를 가진 원소들로 부분집합 y를 구성할 수 있다.

무한 공리 *axiom of infinity*

$\exists x(\varnothing \in x \land \forall y(y \in x \rightarrow \{y\} \in x))$

이 공리는 아래와 같은 집합을 구성할 수 있다고 보장한다.

$\{\varnothing, \{\varnothing\}, \{\{\varnothing\}\}, \{\{\{\varnothing\}\}\}, \cdots\}$

이 공리의 주된 의미는 무한히 많은 원소들을 가진 집합들이 존재한다는 것이다.

멱집합 공리 *axiom of power set*

$\forall x \exists y \forall z(z \in y \leftrightarrow z \subseteq x)$

집합 x의 모든 부분집합들로 이루어진 집합 y를 구성할 수 있다. 한마디 보태면, y는 x를 '진부분집합'으로 포함한다. 즉, 집합 x의 원소들과 y의 원소들 사이에 일대일 대응을 설정할 수 없다.

치환 공리 *axiom of replacement*

$(\forall a(a \in x \rightarrow \exists_1 b(Fab))) \rightarrow (\exists y \forall b(b \in y \leftrightarrow Fab))$

논리식은 매우 복잡하지만, 의미는 다음과 같은 간단한 요구다. 2항 술어 하나가 있고, 집합 x의 모든 각각의 원소 a에 대해서 Fab를 만족시키는 b가 정확히 하나 있다면(바꿔 말해, 모든 각각의 a에 b를 대응시키는 함수가 있다면) 그런 b들을 모두 모아서 집합 y를 구성할 수 있다. 이를 이렇게 표현할 수도 있다. 한 함수 아래에서 집합 x의 상image은 또 하나의 집합이다.

기초 공리 *axiom of foundation*

$$\forall x(x \neq \emptyset \rightarrow \exists y((y \in x) \wedge (x \cap y = \emptyset)))$$

이 공리는 176쪽에서 언급한 바 있다. 모순을 일으키는 프레게의 '내포 공리'를 대체한 이 공리의 의미는, 공집합이 아닌 모든 각각의 집합 x가 자신과 서로소인(곧, 어떤 원소도 공유하지 않는) 원소 y를 가진다는 것이다. 이 공리는 집합이 자기 자신을 원소로 가지는 것을 금지한다. 또한 무한히 하강하는 집합 계열, 곧 다음 집합이 앞 집합의 원소인 방식으로 무한히 내려가는 계열을 금지한다. 반면에 무한히 상승하는(다음 집합이 앞 집합을 원소로 가지는 방식으로 무한히 올라가는) 집합 계열은 허용한다.

선택 공리 *axiom of choice*

$$(\forall u \forall v((u \in x \wedge v \in x) \rightarrow (u \neq v \rightarrow u \cap v = \emptyset) \wedge u \neq \emptyset))$$

$$\rightarrow \exists y \forall z(z \in x \rightarrow \exists_1 w(w \in z \wedge w \in y))$$

말로 풀면 이러하다. 전체 논리식의 좌변은 우선 이 공리에서 거론되는 집합 x가 어떠해야 하는지 말해준다. 집합 x는 공집합을 원소로 가지지 않으며, 집합 x의 모든 원소들은 서로소인 집합들이다. 그렇다면 x에 속한 모든 각각의 집합 z에서 정확히 한 원소 w를 뽑아서 집합 y를 구성할 수 있다. 이 공리는 그런 집합 y가 존재한다는 것만 말해줄 뿐, 어떻게 하면 y를 구성할 수 있는지는 말해주지 않는다.

많은 수학자들은 이 공리를 꺼림칙하게 여긴다. 공리처럼 느껴지지 않는다는 것이 그 이유다. 이 공리는 아주 특수한 명제인데도 체르멜로-프렝켈 집합론의 다른 공리들로부터 도출할 수 없음을 보여줄 수 있다. 이런 연유로 일부 수학자들은 선택 공리를 배제한 체르멜로-프렝켈 집합론ZF을 사용하고, 다른 수학자들은 선택 공리를 포함한 버전ZFC을 사용한다. 후자는 많은 증명들의 난도를 낮춰준다.

기초 입문

버트런드 러셀의 생애와 함께 논리학을 소개하는 그래픽노블.

Apostolos Doxiadis, Christos H. Papadimitriou: *Logicomix — Eine epische Suche nach Wahrheit*; Atrium-Verlag, 2010(한국어 출간 제목은 『로지코믹스』—옮긴이)

논리적 추론의 기초와 다양한 증명 사례들.

Mark Zegarelli: *Logik für Dummies*; Wiley VCH, 2008

매우 깊이 있는 수리논리학 입문서. 역사를 다루는 부분은 더 쉽게 이해할 수 있음.

Dirk W. Hoffmann: *Grenzen der Mathematik — Eine Reise durch die Kerngebiete der mathematischen Logik*; Spektrum Akademischer Verlag, 2011

논리 게임과 수수께끼

이 책에 나오는 수수께끼의 대부분은 인터넷에서 얻은 단서를 기초로 삼았으므로(일부 수수께끼는 내가 대폭 변형했다) 원저자를 지목할 수 없다. 하우스 박사에 관한 논리 퍼즐은 프랑크 베스텐펠더(www.daf-raetsel.de)가 만든 것이다. 6장 연습문제, 곧 상어와 아이와 왈츠에 관한 문제는 동독에서 나왔으며 지금은 절판된 아래 책에서 따왔다.

Otakar Zich, Arno st Kolman: *Unterhaltsame Logik*; BSG B. G. Teubner Verlagsgesellschaft Leipzig, 1965

거짓말쟁이들의 섬 멘다치노(내가 지어낸 지명이다)에 관한 이야기들은, 그런 수수께끼들을 풍부하게 제공할뿐더러 자기 지칭에 관한 심오한 생각과 괴델의 불완전성 정리에 대한 재미있는 설명까지 내놓는 아래 책을 기초로 삼았다.

Raymond M. Smullyan: *What Is The Name Of This Book?*; 초판 1978, 재판 2011 Dover Publications. 1993년에 나온 독일어판 제목은 『*Wie heißt dieses Buch?*』다(한국어판은 『퍼즐과 함께하는 즐거운 논리』—옮긴이).

찾아보기

옮긴이 전대호

서울대학교 물리학과와 동 대학원 철학과에서 박사과정을 수료했다. 독일 쾰른 대학교에서 철학을 공부했다. 1993년 조선일보 신춘문예 시 부문에 당선되어 등단했으며, 현재는 과학 및 철학 분야의 전문번역가로 활동 중이다. 저서로《철학은 뿔이다》, 시집으로《가끔 중세를 꿈꾼다》《성찰》등이 있다. 번역서로는《로지코믹스》《위대한 설계》《스티븐 호킹의 청소년을 위한 시간의 역사》《기억을 찾아서》《생명이란 무엇인가》《수학의 언어》《산을 오른 조개껍질》《아인슈타인의 베일》《푸앵카레의 추측》《초월적 관념론 체계》《동물 상식을 뒤집는 책》등이 있다.

슬기로운 논리학

1판 1쇄 2019년 1월 30일
1판 2쇄 2022년 5월 16일

지은이 크리스토프 드뢰서
옮긴이 전대호
펴낸이 김정순
편집 장준오 허영수
디자인 김수진
일러스트 정언호
마케팅 이보민 양혜림 이다영

펴낸곳 (주)북하우스 퍼블리셔스
출판등록 1997년 9월 23일 제406-2003-055호
주소 04043 서울시 마포구 양화로 12길 16-9(서교동 북앤빌딩)
전자우편 henamu@hotmail.com
홈페이지 www.bookhouse.co.kr
전화번호 02-3144-3123
팩스 02-3144-3121

ISBN 979-11-6405-005-5 03170

* 해나무는 (주)북하우스 퍼블리셔스의 과학 · 인문 브랜드입니다.